W0408692

Das Schicksal war boshaft zu Friedrich Nietzsche. Es beschied ihm lebenslange körperliche Leiden, das vergebliche Ringen um Frau und Familie und einen baldigen Wahnsinn samt frühem Tod. Da seine Bücher keine Leser fanden, war auch für die entsprechenden finanziellen Nöte gesorgt. Erst als er selbst schon blind und blöd war, begann die Welt ihn langsam schmerzlich zu begreifen. Der Mensch? Eine Hautkrankheit der Erde. Die Wahrheit? Ein bewegliches Heer von Metaphern. Wir haben uns das Erkennen ausgedacht, werden damit scheitern, und die von uns zerstörte Kugel jagt mittelfristig ohne Passagiere durchs öde All.

Seit Nietzsche schrieb, beeilt sich die Menschheit, ihn zu belegen. Sie liefert den Text zu Kommentaren, die der einsame Frühpensionär in dunklen und schlecht beheizten Räumen dem Kopfschmerz abrang, zu einer Zeit, als man noch mit der Kutsche reiste.

Friedrich Nietzsche wurde am 15. 10. 1844 in Röcken bei Lützen geboren und starb am 25. 8. 1900 in Weimar.

Norbert Wank, Jahrgang 1966, arbeitet als Filmautor und freier Journalist in Mainz und Bochum.

insel taschenbuch 3274

Nietzsche für Boshafte

Nietzsche für Boshafte

Ausgewählt von Norbert Wank

Insel Verlag

Umschlagabbildung: Tullio Pericoli/Margarethe Hubauer

insel taschenbuch 3274
Erste Auflage 2007
© Insel Verlag Frankfurt am Main und Leipzig 2007
Alle Rechte vorbehalten, insbesondere das
der Übersetzung, des öffentlichen Vortrags sowie der Übertragung
durch Rundfunk und Fernsehen, auch einzelner Teile.
Kein Teil des Werkes darf in irgendeiner Form
(durch Fotografie, Mikrofilm oder andere Verfahren)
ohne schriftliche Genehmigung des Verlages reproduziert
oder unter Verwendung elektronischer Systeme
verarbeitet, vervielfältigt oder verbreitet werden.
Umschlag nach Entwürfen von Willy Fleckhaus
Vertrieb durch den Suhrkamp Taschenbuch Verlag
Satz: Hümmer GmbH, Waldbüttelbrunn
Druck: Druckhaus Nomos, Sinzheim
Printed in Germany
ISBN 978-3-458-34974-7

1 2 3 4 5 6 – 12 11 10 09 08 07

Inhalt

Nietzsche für Boshafte

Viele kleine Wahrheiten und eine große Lüge

Was ist also Wahrheit? Ein bewegliches Heer von Metaphern. [I, 880]

In einem ähnlich beschränkten Sinne will der Mensch auch nur die Wahrheit. Er begehrt die angenehmen, Leben erhaltenden Folgen der Wahrheit; gegen die reine folgenlose Erkenntniss ist er gleichgültig, gegen die vielleicht schädlichen und zerstörenden Wahrheiten sogar feindlich gestimmt. [I, 878]

Die Antithese ist die enge Pforte, durch welche sich am liebsten der Irrthum zur Wahrheit schleicht. [II, 163]

Unter »wahr« wird zuerst nur verstanden das, was usuell die gewohnte Metapher ist – also nur eine Illusion, die durch häufigen Gebrauch gewohnt worden ist und nicht mehr als Illusion empfunden wird: vergessene Metapher, d. h. eine Metapher, bei der vergessen ist, daß es eine ist. [VII, 492]

Die sehr Schönen, die sehr Guten, die sehr Mächtigen erfahren fast nie über irgend Etwas die volle und gemeine Wahrheit, – denn in ihrer Gegenwart lügt man unwillkürlich ein Wenig, weil man ihre Wirkungen empfindet und diesen Wirkungen gemäss Das, was man an Wahrheit mittheilen könnte, in der Form einer *Anpassung* vorbringt (also Farben und Grade des Thatsächlichen fälscht, Einzelheiten weglässt oder hinzuthut und Das, was sich gar nicht anpassen lassen will, hinter seinen Lippen zurückbehält). Wollen Menschen der Art trotz Alledem und durchaus die Wahrheit hören, so müssen sie sich ihren *Hofnarren* halten, – ein Wesen mit dem Vorrechte des Verrückten, sich nicht anpassen zu können. [III, 273]

Ueberzeugungen sind gefährlichere Feinde der Wahrheit, als Lügen. [II, 317]

Ohnmacht zur Lüge ist lange noch nicht Liebe zur Wahrheit. [IV, 361]

Es giebt Wahrheiten, die am besten von mittelmässigen Köpfen erkannt werden, weil sie ihnen am gemässesten sind, es giebt Wahrheiten, die nur für mittelmässige Geister Reize und Verführungskräfte besitzen. [V, 196]

Je abstrakter die Wahrheit ist, die man lehren will, um so mehr muß man erst die Sinne zu ihr verführen. [X, 23]

Die Wahrheit ist so einflusslos wie die gehende Sonne. [VIII, 375]

Wie, wenn die Wahrheiten gerade diess – zu trösten – nicht zu leisten vermöchten? – Wäre diess denn ein Einwand gegen die Wahrheiten? Was haben diese mit den Zuständen leidender, verkümmerter, kranker Menschen gemeinsam, dass sie gerade ihnen nützlich sein müssten? [III, 260]

Alle verschwiegenen Wahrheiten werden giftig. [IV, 149]

Daß man schädigt, indem man nicht »die Wahrheit sagt«, ist eine Naivetät. Wenn der Werth des Lebens in gut geglaubten Irrthümern liegt, liegt das Schädigende im »Wahrheitsagen«. [XI, 621]

Das ganze menschliche Leben ist tief in die Unwahrheit eingesenkt. [II, 54]

Alles Leben ruht auf Schein, Kunst, Täuschung, Optik, Nothwendigkeit des Perspektivischen und des Irrthums. [I, 18]

Denn alles, was mit der öffentlichen Meinung meint, hat sich die Augen verbunden und die Ohren verstopft. [I, 164]

Oeffentliche Meinungen – private Faulheiten. [II, 316]

Dem Staat ist es nie an der Wahrheit gelegen, sondern immer nur an der ihm nützlichen Wahrheit, noch genauer gesagt, überhaupt an allem ihm Nützlichen, sei dies nun Wahrheit, Halbwahrheit oder Irrthum. [I, 422]

Die gewöhnlichste Lüge ist die, mit der man sich selbst belügt; das Belügen Andrer ist relativ der Ausnahmefall. [VI, 238]

Die Komödie des Lebens

So lange jemand nach dem Leben wie nach einem Glücke verlangt, hat er den Blick noch nicht über den Horizont des Thieres hinausgehoben, nur dass er mit mehr Bewusstsein will, was das Thier im blinden Drange sucht. Aber so geht es uns Allen, den grössten Theil des Lebens hindurch: wir kommen für gewöhnlich aus der Thierheit nicht heraus, wir selbst sind die Thiere, die sinnlos zu leiden scheinen. [I, 378]

Es geht geisterhaft um uns zu, jeder Augenblick des Lebens will uns etwas sagen, aber wir wollen diese Geisterstimme nicht hören. Wir fürchten uns, wenn wir allein und stille sind, dass uns etwas in das Ohr geraunt werde, und so hassen wir die Stille und betäuben uns durch Geselligkeit. [I, 379]

Also darauf allein beruht der Werth des Lebens für den gewöhnlichen, alltäglichen Menschen, dass er sich wichtiger nimmt, als die Welt. [II, 53]

In der Reife des Lebens und des Verstandes überkommt den Menschen das Gefühl, dass sein Vater Unrecht hatte, ihn zu zeugen. [II, 266]

Sind nicht alle »Werthe« Lockmittel, mit denen die Komödie sich in die Länge zieht, aber durchaus nicht einer Lösung näher kommt? [XII, 213]

Wie wenig Vernunft, wie sehr der Zufall unter den Menschen herrscht, zeigt das fast regelmässige Missverhältnis zwischen dem sogenannten Lebensberufe und der Disposition dazu: die glücklichen Fälle sind Ausnahmen, wie die glücklichen Ehen, und auch diese werden nicht durch Vernunft herbeigeführt. Der Mensch *wählt* den Beruf, wo er noch nicht fähig zum Wählen ist; er kennt die verschiedenen Berufe nicht, er kennt sich selbst nicht; er verbringt seine thätigsten Jahre dann in diesem Berufe, verwendet all sein Nachdenken darauf, wird erfahrener; erreicht er die Höhe seiner Einsicht, dann ist es gewöhnlich zu spät, noch etwas Neues zu beginnen, und die Weisheit hat auf Erden fast immer etwas Altersschwaches und Mangel an Muskelkraft an sich gehabt. [VIII, 19]

Das Zornige und Ehrfürchtige, das der Jugend eignet, scheint sich keine Ruhe zu geben, bevor es nicht Menschen und Dinge so zurecht gefälscht hat, dass es sich an ihnen auslassen kann: – Jugend ist an sich schon etwas Fälschendes und Betrügerisches. Später, wenn die junge Seele, durch lauter Enttäuschungen gemartert, sich endlich argwöhnisch gegen sich selbst zurück wendet, immer noch heiss und wild, auch in ihrem Argwohne und Gewissensbisse: wie zürnt sie sich nunmehr, wie zerreisst sie sich ungeduldig, wie nimmt sie Rache für ihre lange Selbst-Verblendung, wie als ob sie eine willkürliche Blindheit gewesen sei! In diesem Übergange bestraft man sich selber, durch Misstrauen gegen sein Gefühl; man foltert seine Begeisterung durch den Zweifel, ja man fühlt schon das gute Gewissen als eine Gefahr, gleichsam als Selbst-Verschleierung und Ermüdung der feineren Redlichkeit; und vor Allem, man nimmt Partei, grundsätzlich Partei *gegen* »die Jugend«. – Ein Jahrzehnt später: und man begreift, dass auch dies Alles noch – Jugend war!

[V, 49]

In der Einsamkeit frisst sich der Einsame selbst auf, in der Vielsamkeit fressen ihn die Vielen. Nun wähle. [II, 520]

Staat nenne ich's, wo Alle Gifttrinker sind, Gute und Schlimme: Staat, wo Alle sich selber verlieren, Gute und Schlimme: Staat, wo der langsame Selbstmord Aller – »das Leben« heisst. [IV, 62]

Der Deutsche – ein jämmerlicher Anblick

In der That, inzwischen lernte ich hoffnungslos und schonungslos genug von diesem »deutschen Wesen« denken, insgleichen von der jetzigen *deutschen Musik*, als welche Romantik durch und durch ist und die ungriechischeste aller möglichen Kunstformen: überdies aber eine Nervenverderberin ersten Ranges, doppelt gefährlich bei einem Volke, das den Trunk liebt und die Unklarheit als Tugend ehrt, nämlich in ihrer doppelten Eigenschaft als berauschendes und zugleich *benebelndes* Narkotikum. [I, 20]

Die Formen, Farben, Producte, Curiositäten aller Zeiten und Zonen häuft der Deutsche um sich auf und bringt dadurch jene moderne Jahrmarkts-Buntheit hervor, die seine Gelehrten nun wiederum als das »Moderne an sich« zu betrachten und zu formulieren haben; er selbst bleibt ruhig in diesem Tumult aller Stile sitzen. Mit dieser Art von »Kultur«, die doch nur eine phlegmatische Gefühllosigkeit für die Kultur ist, kann man aber keine Feinde bezwingen, am wenigsten solche, die, wie die Franzosen, eine wirkliche, productive Kultur, gleichviel von welchem Werthe, haben, und denen wir bisher Alles, meistens noch dazu ohne Geschick, nachgemacht haben. [I, 163]

Ein Deutscher ist grosser Dinge fähig, aber es ist unwahrscheinlich, dass er sie thut: denn er gehorcht, *wo er kann*, wie diess einem an sich trägen Geiste wohlthut. Wird er in die Noth gebracht, allein zu stehen und seine Trägheit abzuwerfen, ist es ihm nicht mehr möglich, als Ziffer in einer Summe unterzuducken (in dieser Eigenschaft ist er bei Weitem nicht so viel werth wie ein Franzose oder Engländer) – so entdeckt er seine Kräfte: dann wird er gefährlich, böse, tief, verwegen, und bringt den Schatz von schlafender Energie an's Licht, den er in sich trägt und an den sonst Niemand (und er selber nicht) glaubte.

[III, 185]

Der Deutschen ... Laster sind, nach wie vor, der Trunk und der Hang zum Selbstmord. [III, 187]

Die deutsche Seele hat Gänge und Zwischengänge in sich, es giebt in ihr Höhlen, Verstecke, Burgverliesse; ihre Unordnung hat viel vom Reize des Geheimnissvollen; der Deutsche versteht sich auf die Schleichwege zum Chaos. Und wie jeglich Ding sein Gleichniss liebt, so liebt der Deutsche die Wolken und Alles, was unklar, werdend, dämmernd, feucht und verhängt ist: das Ungewisse, Unausgestaltete, Sich-Verschiebende, Wachsende jeder Art fühlt er als »tief«. [V, 185]

Die Deutschen – man hiess sie einst das Volk der Denker: denken sie heute überhaupt noch? – Die Deutschen langweilen sich jetzt am Geiste, die Deutschen misstrauen jetzt dem Geiste, die Politik verschlingt allen Ernst für wirklich geistige Dinge – »Deutschland, Deutschland über Alles«, ich fürchte, das war das Ende der deutschen Philosophie. [VI, 103]

Was der deutsche Geist sein *könnte*, wer hätte nicht schon darüber seine schwermüthigen Gedanken gehabt!

Aber dies Volk hat sich willkürlich verdummt, seit einem Jahrtausend beinahe: nirgendswo sind die zwei grossen europäischen Narcotica, Alkohol und Christenthum, lasterhafter gemissbraucht worden. [VI, 104]

Wie viel verdriessliche Schwere, Lahmheit, Feuchtigkeit, Schlafrock, wie viel *Bier* ist in der deutschen Intelligenz! [VI, 104]

Man kommt beim Deutschen, beinahe wie beim Weibe, niemals auf den Grund, *er hat keinen*: das ist Alles. [VI, 361]

Die Deutschen sind für mich unmöglich. Wenn ich mir eine Art Mensch ausdenke, die allen meinen Instinkten zuwiderläuft, so wird immer ein Deutscher daraus. [VI, 362]

Ich habe bis zu meinen reifsten Jahren immer nur *schlecht* gegessen – moralisch ausgedrückt »unpersönlich«, »selbstlos«, »altruistisch«, zum Heil der Köche und anderer Mitchristen. Ich verneinte zum Beispiel durch Leipziger Küche, gleichzeitig mit meinem ersten Studium Schopenhauers (1865), sehr ernsthaft meinen »Willen zum Leben.« Sich zum Zweck unzureichender Ernährung auch noch den Magen verderben – dies Problem schien mir die genannte Küche zum Verwundern glücklich zu lösen. Aber die deutsche Küche überhaupt – was hat sie nicht Alles auf dem Gewissen! ... die ausgekochten Fleische, die fett und mehlig gemachten Gemüse; die Entartung der Mehlspeise zum Briefbeschwerer! Rechnet man gar noch die geradezu viehischen Nachguss-Bedürfnisse der alten, durchaus nicht bloß *alten* Deutschen dazu, so versteht man auch die Herkunft des *deutschen Geistes* – aus betrübten Eingeweiden. [VI, 279]

Die deutsche Unlust am Leben ist wesentlich Wintersiechthum, eingerechnet die Wirkungen der Kellerluft und des Ofengiftes in deutschen Wohnräumen. [III, 486]

Wenn der Deutsche einmal wirklich in Leidenschaft geräth (und nicht nur, wie gewöhnlich, in den guten Willen zur Leidenschaft!), so benimmt er sich dann in derselben, wie er eben muss, und denkt nicht weiter an sein Benehmen. Die Wahrheit aber ist, dass er sich dann sehr ungeschickt und hässlich und wie ohne Tact und Melodie benimmt, sodass die Zuschauer ihre Pein oder ihre Rührung dabei haben und nicht mehr. [III, 462]

Man lebe nur eine Zeitlang unter Schwaben! Die Schwerfälligkeit des deutschen Gelehrten, seine gesellschaftliche Abgeschmacktheit verträgt sich zum Erschrecken gut mit einer innewendigen Seiltänzerei und leichten Kühnheit, vor der bereits alle Götter das Fürchten gelernt haben ... Der Deutsche *schleppt* an seiner Seele; er schleppt an Allem, was er erlebt. Er verdaut seine Ereignisse schlecht, er wird nie damit »fertig«; die deutsche Tiefe ist oft nur eine schwere zögernde »Verdauung«. Und wie alle Gewohnheits-Kranken, alle Dyspeptiker den Hang zum Bequemen haben, so liebt der Deutsche die »Offenheit« und »Biederkeit«: wie *bequem* ist es, offen und bieder zu sein! – Es ist heute vielleicht die gefährlichste und glücklichste Verkleidung, auf die sich der Deutsche versteht, dies Zutrauliche, Entgegenkommende, die-Karten-Aufdeckende der deutschen *Redlichkeit*: sie ist seine eigentliche Mephistopheles-Kunst, mit ihr kann er es »noch weit bringen«! Der Deutsche lässt sich gehen, blickt dazu mit treuen, blauen, leeren deutschen Augen – und sofort verwechselt das Ausland ihn mit seinem Schlafrocke!

[V, 185]

Die Deutschen, die *Verzögerer* par excellence in der Geschichte, sind heute das zurückgebliebenste Culturvolk Europa's: dies hat seinen Vortheil, – eben damit sind sie relativ das *jüngste*. [VI, 41]

»Der Mensch muss Etwas haben, dem er *unbedingt gehorchen* kann« – das ist eine deutsche Empfindung, eine deutsche Folgerichtigkeit. [III, 187]

Die Deutschen sind ein gefährliches Volk: sie verstehen sich auf das Berauschen. Gothik, vielleicht auch Rococo (nach Semper), der historische Sinn und Exotismus, Hegel, Richard Wagner – Leibnitz auch heute noch gefährlich – die Bedientenseele (idealisirt als Gelehrten- und Soldatentugend) auch als historischer Sinn. [XI, 255]

Dass man sich in Deutschland über Wagner betrügt, befremdet mich nicht. Das Gegentheil würde mich befremden. Die Deutschen haben sich einen Wagner zurecht gemacht, den sie verehren können: sie waren noch nie Psychologen, sie sind damit dankbar, dass sie missverstehn. [VI, 21]

Ich habe den Deutschen die tiefsten Bücher gegeben, die sie überhaupt besitzen – Grund genug, dass die Deutschen kein Wort davon verstehn. [VI, 46]

So weit Deutschland reicht, *verdirbt* es die Cultur. [VI, 285]

Es giebt wirklich Menschen welche eine Sache damit geehrt zu haben glauben, daß sie dieselbe *deutsch* nennen. Es ist der Gipfel der nationalen Verdummung und Frechheit. [IX, 375]

Ich halte es nicht in Deutschland aus, der Geist der Kleinheit und der Knechtschaft durchdringt alles, bis in die kleinsten Stadt- und Dorfblätter herab und ebenso hinauf bis zum achtenswerthesten Künstler und Gelehrten – nebst einer gedankenarmen Unverschämtheit gegen alle selbständigen Menschen und Völker. Dazu ist man eilig und ängstlich für die Gegenwart, mißtrauisch für das Kommende und gegen einander so vorwurfsvoll, und schlägt sich mit einem pomphaften Scheingenuß die Sorgen scheinbar aus dem Kopfe. [IX, 375]

Wie kommt es, daß die Deutschen keinen Geist haben? Sie empfinden langsam, und lassen ihre Empfindungen nicht reif werden, sie kreuzen sie durch Beruf oder alltägliche Dinge: so machen sie sich mittelmäßig, sie bleiben immer wie unreife Früchte. Sie verstehen nicht Muße zu haben. [IX, 388]

Den Deutschen fehlt es an esprit, weil sie keinen Überschuß von Geist besitzen: haben sie den ihren angewendet, so sind sie arm und sitzen da. Sie hassen ihn, und doch fühlen sie, daß ohne ihn die Geselligkeit eine langweilige Flegelei ist: – daher »Gemüth«. [IX, 282]

Von einem Gedanken *glühen*, von ihm verbrannt werden – das ist französisch. Der Deutsche bewundert sich und stellt sich mit seiner Passion vor den Spiegel, und ruft andere hinzu. [IX, 282]

So gewiss Wagner unter Deutschen bloß ein Missverständniss ist, so gewiss bin ich's und werde es immer sein. [VI, 290]

Denn wir haben, wohin nur Deutsche und deutsche »Tugenden« gedrungen sind, überall auch die Lust und Begierde der groben und feinen Alcoholica hingetragen und mitgebracht. [XI, 446]

Das Leben in Deutschland ist gänzlich unzuträglich: es wirkt vergiftend und lähmend auf mich, und meine Menschenverachtung wächst jedes Mal dort in gefährlichen Proportionen, sobald ich mit »Gebildeten« in Berührung komme. [Br VII, 204]

Mir scheint Deutschland in den letzten 15 Jahren eine förmliche Schule der Verdummung geworden zu sein. Wasser, Quark und Mist weit und breit: das blödsinnige Lächeln des alten Wilhelm über diesen Wassern schwebend – so sieht sich das aus der Ferne an. [Br VIII, 31]

Ich fühle mich im heutigen Europa nur den geistigsten *Franzosen* und *Russen* verwandt, und ganz und gar nicht meinen gebildeten Landsleuten, die alle Dinge nach dem Prinzip »Deutschland, Deutschland über Alles« beurtheilen. [Br VIII, 70]

Aber wie ein Deutscher, durch deutsche Lektüre, zu einem Stil kommen soll oder gar durch deutsche Unterhaltung und Geselligkeit, begreife ich nicht. [Br IV, 128]

Man kann daran zugrunde gehen, »unsterblich« zu sein! – Zufällig habe ich noch das Mißgeschick, mit einer Verarmung und Verödung des deutschen Geistes gleichzeitig zu sein, die Erbarmen macht. [Br VIII, 377]

Total überschätzt: die Wissenschaften

Ist Wissenschaftlichkeit vielleicht nur eine Furcht und Ausflucht vor dem Pessimismus? Eine feine Nothwehr gegen – die *Wahrheit*? [I, 12]

Vielleicht giebt es ein Reich der Weisheit, aus dem der Logiker verbannt ist? Vielleicht ist die Kunst sogar ein nothwendiges Correlativum und Supplement der Wissenschaft? [I, 96]

Nun aber eilt die Wissenschaft, von ihrem kräftigen Wahne angespornt, unaufhaltsam bis zu ihren Grenzen, an denen ihr im Wesen der Logik verborgener Optimismus scheitert. [I, 101]

Es liegt ja im Wesen des wissenschaftlichen Menschen (ganz abgesehen von seiner gegenwärtigen Gestalt) ein rechtes Paradoxon: er benimmt sich wie der stolzeste Müssiggänger des Glücks: als ob das Dasein nicht eine heillose und bedenkliche Sache sei, sondern ein fester, für ewige Dauer garantirter Besitz. Ihm scheint es erlaubt, ein Leben auf Fragen zu verschwenden, deren Beantwortung im Grunde nur dem, der einer Ewigkeit versichert wäre, wichtig sein könnte. Rings umstarren ihn, den Erben weniger Stunden, die schrecklichsten Abstürze, jeder Tritt sollte ihn erinnern: Wozu? Wohin? Woher? Aber seine Seele erglüht bei der Aufgabe, die Staubfäden einer Blume zu zählen oder die Gesteine am Wege zu zerklopfen, und er versenkt in diese Arbeit das ganze, volle Gewicht seiner Theilnahme, Lust, Kraft und Begierde. [I, 202]

Was soll *überhaupt* die Wissenschaft, wenn sie nicht für die Kultur Zeit hat? [I, 203]

Wie Viele werden sich, nachdem sie sich an dem keuchenden und gehetzten Wettlauf der gegenwärtigen Wissenschaft betheiligt haben, überhaupt nur jenen muthigen und ruhenden Blick des kämpfenden Kultur-Menschen erhalten können, wenn sie ihn je besessen haben sollten, jenen Blick, der dieses Wettlaufen selbst als ein barbarisirendes Element verurtheilt? [I, 206]

Ich bin seit siebzehn Jahren nicht müde geworden, den *entgeistigenden* Einfluss unseres jetzigen Wissenschafts-Betriebs an's Licht zu stellen ... Unsre Cultur leidet an nichts *mehr*, als an dem Überfluss anmaasslicher Eckensteher und Bruchstück-Humanitäten; unsere Universitäten sind, *wider* Willen, die eigentlichen Treibhäuser für diese Art Instinkt-Verkümmerung des Geistes. [VI, 105]

So lange unter Kultur wesentlich Förderung der Wissenschaft verstanden wird, geht sie an dem grossen leidenden Menschen mit unbarmherziger Kälte vorüber, weil die Wissenschaft überall nur Probleme der Erkenntniss sieht, und weil das Leiden eigentlich innerhalb ihrer Welt etwas Ungehöriges und Unverständliches, also höchstens wieder ein Problem ist. [I, 394]

Eine unglückliche Verdrehung muss im Gehirne des gebildeten Philisters vor sich gegangen sein: er hält gerade das, was die Kultur verneint, für die Kultur, und da er consequent verfährt, so bekommt er endlich eine zusammenhängende Gruppe von solchen Verneinungen, ein System der Nicht-Kultur, der man selbst eine gewisse »Einheit des Stils« zugestehen dürfte, falls es nämlich noch einen Sinn hat, von einer stilisirten Barbarei zu reden.

[I, 166]

Der Bildungsphilister ... unterscheidet sich von der allgemeinen Idee der Gattung »Philister« durch Einen Aberglauben: er wähnt selber Musensohn und Kulturmensch zu sein. [I, 165]

Die Welt als Defizit

Nur als *aesthetisches Phänomen* ist das Dasein und die Welt ewig *gerechtfertigt.* [I, 47]

So scheint zwar die Welt voll zu sein von solchen, die »der Wahrheit dienen«; und doch ist die Tugend der Gerechtigkeit so selten vorhanden, noch seltener erkannt und fast immer auf den Tod gehasst: wohingegen die Schaar der scheinbaren Tugenden zu jeder Zeit geehrt und prunkend einherzog. [I, 287]

Es giebt mehr Götzen als Realitäten in der Welt: Das ist *mein* »böser Blick« für diese Welt, das ist auch mein »böses *Ohr*« ... Hier einmal mit dem *Hammer* Fragen stellen und, vielleicht, als Antwort jenen berühmten hohlen Ton hören, der von geblähten Eingeweiden redet – welches Entzücken für Einen, der Ohren noch hinter den Ohren hat – für mich alten Psychologen und Rattenfänger, vor dem gerade Das, was still bleiben möchte, *laut werden muss.* [VI, 57]

Dadurch, dass wir seit Jahrtausenden mit moralischen, ästhetischen, religiösen Ansprüchen, mit blinder Neigung, Leidenschaft oder Furcht in die Welt geblickt und uns in den Unarten des unlogischen Denkens recht ausgeschwelgt haben, ist diese Welt allmählich so wundersam bunt, schrecklich, bedeutungstief, seelenvoll *geworden*, sie hat Farbe bekommen, – aber wir sind die Coloristen gewesen. [II, 36]

Wer tief in die Welt gesehen hat, erräth wohl, welche Weisheit darin liegt, dass die Menschen oberflächlich sind. Es ist ihr erhaltender Instinkt, der sie lehrt, flüchtig, leicht und falsch zu sein. Man findet hier und da eine leidenschaftliche und übertreibende Anbetung der »reinen Formen«, bei Philosophen wie bei Künstlern: möge niemand zweifeln, dass wer dergestalt den Cultus der Oberfläche *nöthig* hat, irgendwann einmal einen unglückseligen Griff *unter* sie gethan hat. [V, 78]

Wir haben uns eine Welt zurecht gemacht, in der wir leben können – mit der Annahme von Körpern, Linien, Flächen, Ursachen und Wirkungen, Bewegungen und Ruhe, Gestalt und Inhalt: ohne diese Glaubensartikel hielte es jetzt Keiner aus zu leben! Aber damit sind sie noch nichts Bewiesenes. Das Leben ist kein Argument; unter den Bedingungen des Lebens könnte der Irrthum sein. [III, 477]

Ehemals wollte man sich einen *Ruf* machen: das genügt jetzt nicht mehr, da der Markt zu groß geworden ist, – es muss ein *Geschrei* sein. Die Folge ist, dass auch gute Kehlen sich überschreien, und die besten Waaren von heiseren Stimmen angeboten werden; ohne Marktschreierei und Heiserkeit giebt es jetzt kein Genie mehr. – Das ist nun freilich ein böses Zeitalter für den Denker: er muss lernen, zwischen zwei Lärmen noch seine Stille zu finden, und sich so lange taub stellen, bis er es ist. So lange er diess noch nicht gelernt hat, ist er freilich in Gefahr, vor Ungeduld und Kopfschmerzen zu Grunde zu gehen. [III, 558]

Wegsehn wollte der Schöpfer von sich, – da schuf er die Welt. [IV, 35]

Diese schöne Weltgeschichte ist, um Heraklitisch zu reden, »ein wirrer Kehrichthaufen«! Das *Kräftige* schlägt sich durch, das ist das allgemeine Gesetz: wenn es nur nicht so oft gerade das Dumme und das Böse wäre! [VII, 644]

Weltprozess!! Es handelt sich doch nur um die Lumperei der menschlichen Erdflöhe! [VII, 649]

Laßt euch nicht täuschen! Die thätigsten Völker sind jetzt die müdesten! Sie haben nicht mehr Kraft genug zur Faulheit! [X, 135]

Wir wissen es, die Welt, in der wir leben, ist unmoralisch, ungöttlich, unmenschlich – wir haben sie allzulange im Sinne unserer Verehrung interpretirt. [XII, 163]

Nicht um die Erfinder von neuem Lärme: um die Erfinder von neuen Werthen dreht sich die Welt. [IV, 169]

Die Lehre von der Freiheit des Willens ist eine Erfindung *herrschender* Stände. [II, 545]

Die Wüste wächst: weh dem, der Wüsten birgt! [VI, 387]

Es giebt keine schöne Fläche ohne eine schreckliche Tiefe. [VII, 159]

Die drei grossen Feinde der Unabhängigkeit ... sind die Habenichtse, die Reichen und die Parteien. [II, 685]

Mit der Einsicht in den Ursprung nimmt die Bedeutungslosigkeit des Ursprungs zu. [III, 52]

Das Ansehen der Ärzte beruht auf der Unwissenheit der Gesunden und Kranken: und diese Unwissenheit wiederum beruht auf dem Ansehen der Ärzte. [VIII, 334]

Die Demokratie aber ist die Form eines *Verfalls* des Staates, einer Entartung der Rassen, eines Übergewichts der Mißrathenden: das habe ich schon Ein Mal gesagt. [XI, 469]

Was? du suchst? du möchtest dich verzehnfachen, verhundertfachen? du suchst Anhänger? Suche *Nullen*! [VI, 61]

Alles nur Wortemacher

Der Tadel, ein sehr schlechter Schriftsteller zu sein, schwächt sich freilich dadurch ab, dass es in Deutschland sehr schwer ist, ein mässiger und leidlicher, und ganz erstaunlich unwahrscheinlich, ein guter Schriftsteller zu werden. Es fehlt hier an einem natürlichen Boden, an der künstlerischen Werthschätzung, Behandlung und Ausbildung der mündlichen Rede. [I, 220]

Die meisten Denker schreiben schlecht, weil sie uns nicht nur ihre Gedanken, sondern auch das Denken der Gedanken mittheilen. [II, 163]

Man sollte einen Schriftsteller als einen Missethäter ansehen, der nur in den seltensten Fällen Freisprechung oder Begnadigung verdient: das wäre ein Mittel gegen das Ueberhandnehmen der Bücher. [II, 164]

Schriftstellerei als Lebensberuf zu betrachten, sollte billigerweise als eine Art Tollheit gelten. [II, 165]

Die Fabrikanten jener Zeitungen sind aber, ihrer ganzen Beschäftigung gemäss, am allerstärksten an den Schleim dieser Zeitungs-Sprache gewöhnt: sie haben im eigentlichsten Sinne allen Geschmack verloren. [I, 222]

Wenn sich einer an das Buchmachen gewöhnt hat, so zieht er seine vielleicht ganz hellen Gedanken so auseinander, daß sie schwerfällig und dunkel werden. So hat sich selbst Kant durch die Gelehrten-Manier des Büchermachens (welches ja sogar im herkömmlichen Urtheil als akademische Verpflichtung gilt) zu jener weitschweifigen Art der Mittheilung bestimmen lassen, welche bei ihm doppelt bedauerlich ist, weil es ihm (seiner akademischen Pflichten wegen) immer an Zeit gefehlt hat: er musste während des Schreibens sich häufig erst wieder in seine Gedankenkreise eindenken. Hätte er sich begnügt, das in kürzester Form, in der Weise Hume's, mitzutheilen, was er *vor* dem Schreiben (vielleicht auf einem Spaziergange) in sich festgestellt hatte, so wäre der ganze Streit über das richtige Verständniß Kant's, der jetzt fortlebt, überflüssig gewesen. [VIII, 446]

Von allem Geschriebenen liebe ich nur Das, was Einer mit seinem Blute schreibt. Schreibe mit Blut: und du wirst erfahren, dass Blut Geist ist. Es ist nicht leicht möglich, fremdes Blut zu verstehen: ich hasse die lesenden Müssiggänger. Wer den Leser kennt, der thut Nichts mehr für den Leser. Noch ein Jahrhundert Leser – und der Geist selber wird stinken. Dass Jedermann lesen lernen darf, verdirbt auf Dauer nicht allein das Schreiben, sondern auch das Denken. [IV, 48]

Goethe ist in der Geschichte der Deutschen ein Zwischenfall ohne Folgen. [II, 607]

Jean Paul ... war ... ein Verhängniss im Schlafrock.
[II, 596]

Wieland, der reichlich gelebt und zu leben gegeben hat, kam als kluger Mann dem Schwinden seines Einflusses durch den Tod zuvor. [II, 608]

In den letzten Jahren habe ich c. 4000 frs. Druckkosten ausgegeben: es ist längst die Unmöglichkeit bewiesen, daß ein Buch Nietzsches von jemandem andern gedruckt wird als von ihm selbst. [XV, 175]

Den Dichterlingen und Faulthieren sei's gesagt: wer nichts zu schaffen hat, dem macht ein Nichts zu schaffen. [XI, 350]

Das Publicum verwechselt leicht Den, welcher im Trüben fischt, mit Dem, welcher aus der Tiefe schöpft. [II, 492]

Die schlechtesten Leser sind die, welche wie plündernde Soldaten verfahren: sie nehmen sich Einiges, was sie brauchen können, heraus, beschmutzen und verwirren das Uebrige und lästern auf das Ganze. [II, 436]

In diesem Jahrhundert der oberflächlichen und geschwinden Eindrücke ist das gefährlichste Buch nicht gefährlich: es sucht sich die fünf, sechs Geister die tief genug sind. Im Übrigen – was schadet es, wenn es *diese* Zeit zerstören hilft! [XI, 215]

Ich will schlechterdings nichts mit Zeitschriften zu thun haben: sie sind immer Parteischriften, und am meisten dann, wenn sie es selbst nicht zu sein glauben. [Br VIII, 146]

Allerwelts-Bücher sind immer übelriechende Bücher: der Kleine-Leute-Geruch klebt daran. Wo das Volk isst und trinkt, selbst wo es verehrt, da pflegt es zu stinken. Man soll nicht in Kirchen gehen, wenn man *reine* Luft athmen will. [V, 49]

Wer kein Vergnügen daran hat, Tölpel tanzen zu sehen, soll keine deutschen Bücher lesen. [XII, 60]

Wenn dein Werk den Mund aufthut, sollst du selber das Maul halten. [X, 387]

Seht mir doch diese Überflüssigen! Krank sind sie immer, sie erbrechen ihre Galle und nennen es Zeitung. Sie verschlingen einander und können sich nicht einmal verdauen. [IV, 63]

Man schlägt ein weibliches Buch auf: – und bald seufzt man »wieder eine verunglückte Köchin!« [XI, 680]

Noch ein Jahrhundert Zeitungen – und alle Worte stinken. [X, 73]

Wer Ruhm haben will, muß sich bei Zeiten darauf einüben, ohne Ehre leben zu können. [IX, 661]

Im Grunde habe ich drei Leser, nämlich Bruno Bauer, J. Burckhardt, Henri Taine, und von denen ist der Erste todt. [Br VII, 270]

Die Zeit ist im Übrigen grenzenlos oberflächlich; und ich schäme mich oft genug, so viel publice schon gesagt zu haben, was zu *keiner* Zeit, selbst zu viel werthvollern und tiefern Zeiten, vor das »Publicum« *gehört* hätte. Man verdirbt sich eben den Geschmack und die Instinkte, inmitten der »Preß-und Frechheits-Freiheit« des Jahrhunderts; und ich halte mir das Bild Dante's und Spinoza's entgegen, welche sich besser auf das Loos der Einsamkeit verstanden haben. [Br VII, 62]

Die sogenannte »Bildung«

Nichts aber zeigt das anmaassliche Wohlgefühl der Zeitgenossen über sich selbst deutlicher und beschämender, als die halb knauserige halb gedankenlose Dürftigkeit ihrer Ansprüche an Erzieher und Lehrer. Was genügt da nicht alles, selbst bei unsern vornehmsten und best unterrichteten Leuten, unter dem Namen der Hauslehrer, welches Sammelsurium von verschrobenen Köpfen und veralteten Einrichtungen wird häufig als Gymnasium bezeichnet und gut befunden, was genügt uns Allen als höchste Bildungsanstalt, als Universität, welche Führer, welche Institutionen, verglichen mit der Schwierigkeit der Aufgabe, einen Menschen zum Menschen zu erziehen!

[I, 343]

Vieles Wissen und Gelernthaben ist aber weder ein nothwendiges Mittel der Kultur, noch ein Zeichen derselben und verträgt sich nöthigenfalls auf das beste mit dem Gegensatze der Kultur, der Barbarei, das heisst: der Stillosigkeit oder dem chaotischen Durcheinander aller Stile. [I,163]

Wenn demnach die eigentliche Bildungskraft der höheren Lehranstalten wohl noch niemals niedriger und schwächlicher gewesen ist, wie in der Gegenwart, wenn der »Journalist«, der papierne Sclave des Tages, in jeder Rücksicht auf Bildung den Sieg über den höheren Lehrer davongetragen hat, und Letzterem nur noch die bereits oft erlebte Metamorphose übrig bleibt, sich jetzt nun auch in der

Sprechweise des Journalisten, mit der »leichten Eleganz« dieser Sphäre, als heiterer gebildeter Schmetterling zu bewegen – in welcher peinlichen Verwirrung müssen die derartig Gebildeten einer solchen Gegenwart jenes Phänomen anstarren, das nur etwa aus dem tiefsten Grunde des bisher unbegriffnen hellenischen Genius analogisch zu begreifen wäre, das Wiedererwachen des dionysischen Geistes und die Wiedergeburt der Tragödie? [I, 130]

Das Schulwesen wird in grossen Staaten immer höchstens mittelmäßig sein, aus dem selben Grunde, aus dem in grossen Küchen besten Falls mittelmässig gekocht wird. [II, 300]

Alle öffentlichen Schulen sind auf die mittelmäßigen Naturen eingerichtet, also auf Die, deren Früchte nicht sehr in Betracht kommen, wenn sie reif werden. [VIII, 314]

Es steht Niemandem mehr frei, im jetzigen Deutschland seinen Kindern eine vornehme Erziehung zu geben: unsre »höheren« Schulen sind allesammt auf die zweideutigste Mittelmässigkeit eingerichtet, mit Lehrern, mit Lehrplänen, mit Lehrzielen. Und überall herrscht eine unanständige Hast, wie als ob Etwas versäumt wäre, wenn der junge Mann mit 23 Jahren noch nicht »fertig« ist, noch nicht Antwort weiss auf die »Hauptfrage«: *welchen* Beruf? – Eine höhere Art Mensch, mit Verlaub gesagt, liebt nicht »Berufe«, genau deshalb, weil sie sich berufen weiss ... Sie hat Zeit, sie nimmt sich Zeit, sie denkt gar nicht daran, »fertig« zu werden – mit dreissig Jahren ist man, im Sinne hoher Cultur, ein Anfänger, ein Kind. [VI, 108]

Unsere überfüllten Gymnasien, unsere überhäuften, stupid gemachten Gymnasiallehrer sind ein Skandal.

[VI, 108]

Die Erziehung ist eine Fortsetzung der Zeugung und oft eine Art nachträglicher Beschönigung derselben.

[III, 252]

Ich haste, also bin ich

Allgemein ist die Hast, weil jeder auf der Flucht vor sich selbst ist, allgemein auch das scheue Verbergen dieser Hast, weil man zufrieden scheinen will und die scharfsichtigeren Zuschauer über sein Elend täuschen möchte, allgemein das Bedürfniss nach neuen klingenden Wort-Schellen, mit denen behängt das Leben etwas Lärmend-Festliches bekommen soll. [I, 379]

Wenn ich mir in volkreichen Städten die Tausende ansehe, wie sie mit dem Ausdrucke der Dumpfheit oder der Hast vorübergehen, so sage ich mir immer wieder: es muss ihnen schlecht zu Muthe sein. [I, 461]

Weil Zeit zum Denken und Ruhe im Denken fehlt, so erwägt man abweichende Ansichten nicht mehr: man begnügt sich, sie zu hassen. [II, 231]

Den Thätigen fehlt gewöhnlich die höhere Thätigkeit: ich meine die individuelle. Sie sind als Beamte, Kaufleute, Gelehrte, das heisst als Gattungswesen thätig, aber nicht als ganz bestimmte einzelne und einzige Menschen; in dieser Hinsicht sind sie faul. – Es ist das Unglück der Thätigen, dass ihre Thätigkeit fast immer ein Wenig unvernünftig ist. Man darf zum Beispiel bei dem geldsammelnden Banquier nach dem Zweck seiner rastlosen Thätigkeit nicht fragen: sie ist unvernünftig. Die Thätigen rollen, wie der Stein rollt, gemäss der Dummheit der Mechanik. [II, 231]

Aus Mangel an Ruhe läuft unsere Civilisation in eine neue Barbarei aus. Zu keiner Zeit haben die Thätigen, das heisst die Ruhelosen, mehr gegolten. [II, 232]

Der müssige Mensch ist immer noch ein besserer Mensch als der thätige. [II, 232]

Es ist eine indianerhafte, dem Indianer-Bluthe eigenthümliche Wildheit in der Art, wie die Amerikaner nach Gold trachten: und ihre athemlose Hast der Arbeit – das eigentliche Laster der neuen Welt – beginnt bereits durch Ansteckung das alte Europa wild zu machen und eine ganz wunderliche Geistlosigkeit darüber zu breiten. Man schämt sich jetzt schon der Ruhe; das lange Nachsinnen macht beinahe Gewissensbisse. Man denkt mit der Uhr in der Hand, wie man zu Mittag isst, das Auge auf das Börsenblatt gerichtet,– man lebt, wie Einer, der fortwährend Etwas »versäumen könnte«. [III, 556]

Die Bildung wird täglich geringer, weil die Hast grösser wird. [VII, 718]

Ich würde einem Amte nie erlauben, mir mehr als ein Viertel meiner Kraft zu rauben. [VII, 723]

Die Menschen durchleben jetzt alle zu viel und durchdenken zu wenig. [II, 641]

Das Zeitalter der größten Ereignisse wird trotz alledem das Zeitalter der kleinsten Wirkungen sein, wenn die Menschen von Gummi und allzu elastisch sind. [X, 90]

Augenblicklich ist es Europäer-Art, alle grossen Interessen mit Ironie zu behandeln, weil man vor Geschäftigkeit in ihrem Dienste keine Zeit hat, sie ernst zu nehmen. [III, 146]

Laßt euch nicht täuschen! Die thätigsten Völker haben die meiste Müdigkeit in sich, ihre Unruhe ist Schwäche – sie haben zum Warten und zur Faulheit nicht mehr Inhalt genug. [X, 201]

Alles gackert, aber wer will noch still auf dem Neste sitzen und Eier brüten? [IV, 233]

Das fleissigste aller Zeitalter – unser Zeitalter – weiss aus seinem vielen Fleisse und Gelde Nichts zu machen, als immer wieder mehr Geld und immer wieder mehr Fleiss: es gehört eben mehr Genie dazu auszugeben, als zu erwerben! – Nun, wir werden unsere »Enkel« haben! [III, 392]

Oh über die zunehmende Verdächtigung aller Freude! Die *Arbeit* bekommt immer mehr alles gute Gewissen auf ihre Seite: der Hang zur Freude nennt sich bereits »Bedürfniss der Erholung« und fängt an, sich vor sich selber zu schämen. »Man ist es seiner Gesundheit schuldig« – so redet man, wenn man auf einer Landpartie ertappt wird. Ja, es könnte bald soweit kommen, dass man einem Hange zur vita contemplativa (das heisst zum Spazierengehen mit Gedanken und Freunden) nicht ohne Selbstverachtung und schlechtes Gewissen nachgäbe. – Nun! Ehedem war es umgekehrt: die Arbeit hatte das schlechte Gewissen auf sich. Ein Mensch von guter Abkunft *ver-*

barg seine Arbeit, wenn die Noth ihn zum Arbeiten zwang. Der Sclave arbeitete unter dem Druck des Gefühls, dass er etwas Verächtliches thue: – das »Thun« selber war etwas Verächtliches . [III, 557]

Unser Zeitalter ist ein aufgeregtes Zeitalter, und eben deshalb kein Zeitalter der Leidenschaft; es erhitzt sich fortwährend, weil es fühlt, daß es nicht warm ist – es friert im Grunde. Ich glaube nicht an die Größe aller dieser »großen Ereignisse«, von denen ihr sprecht. [X, 82]

Das Leben auf der Jagd nach Gewinn zwingt fortwährend dazu, seinen Geist bis zur Erschöpfung auszugeben, im beständigen Sich-Verstellen oder Ueberlisten oder Zuvorkommen: die eigentliche Tugend ist jetzt, Etwas in weniger Zeit zu thun, als ein Anderer. [III, 556]

Ich übe mich darin, die Hast des Erkennen-Wollens zu verlernen; daran leiden ja die Gelehrten alle, und darüber entgeht ihnen die herrliche Beruhigung aller gewonnenen Einsicht. [Briefe, 201]

Wie oft sehe ich es, dass der blindwüthende Fleiss zwar Reichthümer und Ehre schafft, aber zugleich den Organen die Feinheit nimmt, vermöge deren es einen Genuss an Reichthum und Ehren geben könnte. [III, 392]

Oh, ihr armen Schelme in den grossen Städten der Weltpolitik, ihr jungen, begabten, vom Ehrgeiz gemarterten Männer, welche es für ihre Pflicht halten, zu allen Begebenheiten – es begiebt sich immer Etwas – ihr Wort zu sagen! Welche, wenn sie auf diese Art Staub und Lärm machen, glauben, der Wagen der Geschichte zu sein! Welche, weil sie immer horchen, immer auf den Augenblick passen, wo sie ihr Wort hineinwerfen können, jede ächte Productivität verlieren! Mögen sie auch noch so begehrlich nach grossen Werken sein: die tiefe Schweigsamkeit der Schwangerschaft kommt nie zu ihnen! Das Ereigniss des Tages jagt sie wie Spreu vor sich her, während sie meinen, das Ereigniss zu jagen, – die armen Schelme!

[III, 156]

Der blindwüthende Fleiss zum Beispiel, diese typische Tugend eines Werkzeuges, wird dargestellt als der Weg zu Reichthum und Ehre und als das heilsamste Gift gegen die Langeweile und die Leidenschaften: aber man verschwiegt seine Gefahr, seine höchste Gefährlichkeit.

[III, 392]

Was liegt an einer Zeit, die »keine Zeit hat«! [X, 513]

Wer viel zu thun hat, behält seine allgemeinen Ansichten und Standpuncte fast unverändert bei. Ebenso Jeder, der im Dienst einer Idee arbeitet: er wird die Idee selber nie mehr prüfen, dazu hat er keine Zeit mehr; ja es geht gegen sein Interesse, sie überhaupt noch für discutirbar zu halten. [II, 322]

Diese Mühe! diese Hast! Dieser naive Glauben jedes Menschen, daß um ihn die Sonne und alle Welt sich dreht!

[Br V, 124]

Ich übe mich darin, die *Hast* des Erkennen-Wollens zu verlernen; daran leiden ja die Gelehrten alle und darüber entgeht ihnen die herrliche Beruhigung aller gewonnenen Einsicht. [Br V, 128]

Es zeichnet vielleicht die Asiaten vor den Europäern aus, dass sie einer längeren, tieferen Ruhe fähig sind, als diese; selbst ihre Narcotica wirken langsam und verlangen Geduld, im Gegensatz zu der widrigen Plötzlichkeit des europäischen Giftes, des Alkohols. [III, 409]

Kollegenschelte

Wer einmal an der Hegelei und Schleiermacherei erkrankte, wird nie wieder ganz curirt. [I, 191]

Während der wirkliche Denker nichts mehr ersehnt als Musse, flieht der gewöhnliche Gelehrte vor ihr, weil er mit ihr nichts anzufangen weiss. Seine Tröster sind die Bücher: das heisst, er hört zu, wie jemand Anderes denkt und lässt sich auf diese Art über den langen Tag hinweg unterhalten. [I, 397]

Jede Philosophie, welche durch ein politisches Ereigniss das Problem des Daseins verrückt oder gar gelöst glaubt, ist eine Spass- und Afterphilosophie. [I, 365]

Die Philologen gehen an den Griechen zu Grunde – das wäre etwa zu verschmerzen – aber das Altertum zerbricht durch die Philologen selbst in Stücke! [I, 703]

Ob die letzten drei Jahrtausende in den Künsten einen fortschreitenden Verlauf zeigen, das lässt sich mindestens bezweifeln; ebenso wird ein metaphysischer Philosoph, wie Schopenhauer, keinen Anlass haben, den Fortschritt zu erkennen, wenn er die letzten vier Jahrtausende in Bezug auf metaphysische Philosophie und Religion überblickt. [II, 198]

Jetzt, wo ich wieder das wimmelnde Philologengezücht unserer Tage aus der Nähe sehe, wo ich das ganze Maulwurfstreiben, die vollen Backentaschen und die blinden Augen, die Freude ob des erbeuteten Wurms und die Gleichgültigkeit gegen die wahren, ja aufdringlichen Probleme des Lebens täglich beobachten muß, und nicht nur an der jungen Brut, sondern an den ausgewachsenen Alten: da kommt es mir immer begreiflicher vor, daß wir beide, falls wir nur sonst unserm Genius treu bleiben, nicht ohne mannigfache Anstöße und Quertreibereien unsern Lebensweg gehen werden. [Briefe, 76]

Beim Durchmustern der Geschichte der Philologie fällt auf, wie wenig wirklich begabte Menschen dabei betheiligt gewesen sind. Unter den berühmtesten sind einige, die sich ihren Verstand durch Vielwisserei zerstört haben, und unter den Verständigsten darunter solche, die mit ihrem Verstande nichts anzufangen wussten als Mükken zu seihen. Es ist eine traurige Geschichte, ich glaube, keine Wissenschaft ist so arm an Talenten. Es sind die Lahmen im Geiste, die in der Wortklauberei ihr Steckenpferd gefunden haben. [VIII, 122]

Das Wort Philosophie auf deutsche Gelehrte und Schriftsteller angewendet, macht mir neuerdings Beschwerde: es scheint mir unpassend. Ich wollte, man vermiede es und spräche fürderhin, deutsch und kräftig, nur noch von Denkwirthschaft. [VII, 739]

Philologie nämlich ist jene ehrwürdige Kunst, welche von ihrem Verehrer vor Allem Eins heischt, bei Seite gehn, sich Zeit lassen, still werden, langsam werden –, als eine Goldschmiedekunst und -kennerschaft des *Wor-*

tes, die lauter feine vorsichtige Arbeit abzuthun hat und Nichts erreicht, wenn sie es nicht lento erreicht. Gerade damit aber ist sie heute nöthiger als je, gerade dadurch zieht sie und bezaubert sie uns am stärksten, mitten in einem Zeitalter der »Arbeit«, will sagen: der Hast, der unanständigen und schwitzenden Eilfertigkeit, das mit Allem gleich »fertig werden« will, auch mit jedem alten und neuen Buche. [III, 17]

Ich will Niemanden zur Philosophie überreden: es ist nothwendig, es ist vielleicht auch wünschenswerth, daß der Philosoph eine *seltene* Pflanze ist. Nichts ist mir widerlicher als die lehrhafte Anpreisung der Philosophie, wie bei Seneca oder gar Cicero. Philosophie hat wenig mit Tugend zu thun. Es sei mir erlaubt zu sagen: daß auch der wissenschaftliche Mensch etwas Grundverschiedenes vom Philosophen ist. – Was ich wünsche, ist, daß der ächte Begriff des Philosophen in Deutschland nicht ganz und gar zu Grunde gehe. Es giebt so viele halbe Wesen aller Art in Deutschland, welche ihr Mißrathensein gern unter einem so vornehmen Namen verstecken möchten. [XI, 271]

Starke Wasser reissen viel Gestein und Gestrüpp mit sich fort, starke Geister viel dumme und verworrene Köpfe. [II, 328]

Es giebt eine Art, sich philologisch zu beschäftigen, und sie ist häufig: man wirft sich besinnungslos auf irgend ein Gebiet oder wird geworfen: von da aus sucht man rechts und links, findet manches Gute und Neue – aber in einer unbewachten Stunde sagt man sich doch: was Teufel geht mich gerade das alles an? Inzwischen ist man alt geworden, hat sich gewöhnt und läuft so weiter, so wie in der Ehe. [VIII, 53]

Es giebt strömende, fliessende, tröpfelnde Mineralquellen; und dem entsprechend drei Arten von Denkern. Der Laie schätzt sie nach der Masse des Wassers, der Kenner nach dem Gehalt des Wassers ab, also nach dem, was eben *nicht* Wasser in ihnen ist. [II, 387]

Die Langsamen der Erkenntniss meinen, die Langsamkeit gehöre zur Erkenntniss. [III, 512]

Welcher grosse Philosoph war bisher verheirathet? Heraklit, Plato, Descartes, Spinoza, Leibniz, Kant, Schopenhauer – sie waren es nicht; mehr noch, man kann sie nicht einmal *denken* als verheiratet. Ein verheiratheter Philosoph gehört *in die Komödie*, das ist mein Satz: und jene Ausnahme Sokrates, der boshafte Sokrates hat sich, scheint es, ironice verheirathet, eigens um gerade *diesen* Satz zu demonstriren. [V, 350]

Auf welchen Standpunkt der Philosophie man sich heute auch stellen mag: von jeder Stelle aus gesehen ist die *Irrthümlichkeit* der Welt, in der wir zu leben glauben, das Sicherste und Festeste, dessen unser Auge noch habhaft werden kann. [V, 52]

Jene erhebende Gesamtanschauung des Altertums fehlt den meisten Philologen, wie sie sich zu nahe vor das Bild stellen und einen Ölfleck untersuchen, anstatt die großen und kühnen Züge des ganzen Gemäldes zu bewundern und – was mehr ist – zu genießen. [Briefe, 47]

Der Gelehrte, der im Grunde nur noch Bücher »wälzt« – der Philologe mit mässigem Ansatz des Tags ungefähr 200 – verliert zuletzt ganz und gar das Vermögen, von sich aus zu denken. Wälzt er nicht, so denkt er nicht. [VI, 292]

Und dann selbst noch macht mir der Gedanke Schrecken, was für Unberechtigte und gänzlich Ungeeignete sich einmal auf meine Autorität berufen werden. Aber dies ist die Qual eines jeden großen Lehrers der Menschheit: er weiß, daß er unter Umständen und Unfällen, der Menschheit zum Verhängniss werden kann, so gut als zum Segen. [XV, 140]

Der fehlgreifende Instinkt in Allem und Jedem, die Widernatur als Instinkt, die deutsche décadence als Philosophie – *das ist Kant*! [VI, 178]

Den höchsten Begriff vom Lyriker hat mir *Heinrich Heine* gegeben. Ich suche umsonst in allen Reichen der Jahrtausende nach einer gleich süssen und leidenschaftlichen Musik. Er besass jene göttliche Bosheit, ohne die ich mir das Vollkommne nicht zu denken vermag, – ich schätze den Werth von Menschen, von Rassen darnach ab, wie nothwendig sie den Gott nicht abgetrennt vom Satyr zu verstehen wissen. [VI, 286]

Ein Philosoph erholt sich anders und in Anderem: er erholt sich z. B. im Nihilismus. Der Glaube, daß es gar keine Wahrheit giebt, der Nihilisten-Glaube ist ein großes Gliederstrecken für einen, der als Kriegsmann der Erkenntniß unablässig mit lauter häßlichen Wahrheiten im Kampfe liegt. Denn die Wahrheit ist hässlich. [XIII, 51]

Alles, was Philosophen seit Jahrtausenden gehandhabt haben, waren Begriffs-Mumien; es kam nichts Wirkliches lebendig aus ihren Händen. Sie tödten, sie stopfen aus, diese Herren Begriffs-Götzendiener, wenn sie anbeten, – sie werden Allem lebensgefährlich, wenn sie anbeten. [VI, 74]

Ich misstraue allen Systematikern und gehe ihnen aus dem Weg. Der Wille zum System ist ein Mangel an Rechtschaffenheit. [VI, 63]

Ich verachte diesen *Pessimismus der Sensibilität*: er ist selbst ein Zeichen tiefer Verarmung an Leben. Ich werde nie zulassen, daß solch ein magerer Affe wie Hartmann von seinem »philosophischen Pessimismus« redet. [XIII, 30]

Personen, welche eine Sache in aller Tiefe erfassen, bleiben ihr selten auf immer treu. Sie haben eben die Tiefe an's Licht gebracht: da giebt es immer viel Schlimmes zu sehen. [II, 318]

Gute Gedanken, die zu rasch auf einander folgen, verderben sich einander »die Aussicht«. [X, 387]

Moralische Urtheile werden am sichersten von Leuten ausgesprochen, die nie gedacht haben, und am unsichersten von denen, welche die Menschen kennen. Es ist nichts zu loben und zu tadeln. [IX, 20]

Die Menschheit – Trauerspiel der viel zu vielen

Wozu die »Welt« da ist, wozu die »Menschheit« da ist, soll uns einstweilen gar nicht kümmern, es sei denn, dass wir uns einen Scherz machen wollen: denn die Vermessenheit des kleinen Menschengewürms ist nun einmal das Scherzhafteste und Heiterste auf der Erdenbühne.

[I, 319]

In irgend einem abgelegenen Winkel des in zahllosen Sonnensystemen flimmernd ausgegossenen Weltalls gab es einmal ein Gestirn, auf dem kluge Thiere das Erkennen erfanden. Es war die hochmüthigste und verlogenste Minute der »Weltgeschichte«: aber doch nur eine Minute. Nach wenigen Athemzügen der Natur erstarrte das Gestirn, und die klugen Thiere mussten sterben. [I, 875]

Inmitten des Ozeans des Werdens wachen wir auf einem Inselchen, das nicht grösser als ein Nachen ist, auf, wir Abenteuerer und Wandervögel, und sehen uns hier eine kleine Weile um: so eilig und so neugierig wie möglich, denn wie schnell kann uns ein Wind verwehen oder eine Welle über das Inselchen hinwegspülen, sodass Nichts mehr von uns da ist! Aber hier, auf diesem kleinen Raume, finden wir andere Wandervögel und hören von früheren, – und so leben wir eine köstliche Minute der Erkenntniss und des Errathens, unter fröhlichem Flügelschlagen und Gezwitscher mit einander, und abenteuern im Geiste hinaus auf den Ozean, nicht weniger stolz als er selber!

[III, 227]

Die Menschheit hat im Ganzen *keine* Ziele. [II, 53]

Es müsste geistigere Geschöpfe geben, als die Menschen sind, blos um den Humor ganz auszukosten, der darin liegt, dass der Mensch sich für den Zweck des ganzen Weltendaseins ansieht, und die Menschheit sich ernstlich nur mit Aussicht auf eine Welt-Mission zufrieden giebt. Hat ein Gott die Welt geschaffen, so schuf er den Menschen zum *Affen Gottes*, als fortwährenden Anlass zur Erheiterung in seinen allzu langen Ewigkeiten. [II, 548]

Wir wollen Alle lieber den Untergang der Menschheit, als den Rückgang der Erkenntniss! [III, 265]

Sind wir denn bei einer solchen ungeheuren Absichtlichkeit, dem Leben alle Schärfen und Kanten abzureiben, nicht auf dem besten Wege, die Menschheit zu *Sand* zu machen? [III, 155]

Die Menschheit hat kein Ziel, ebenso wenig wie die Saurier eins hatten, aber sie hat eine *Entwicklung* d.h. ihr Ende ist *nicht mehr bedeutend* als irgend ein Punkt ihres Weges! [IX, 208]

»Ich weiss durchaus nicht, was ich thue! Ich weiss durchaus nicht, was ich *thun soll*!« – Du hast Recht, aber zweifle nicht daran: *du wirst gethan*! In jedem Augenblicke! Die Menschheit hat zu allen Zeiten das Activum und das Passivum verwechselt, es ist ihr ewiger grammatikalischer Schnitzer. [III, 115]

Irren wir nicht im oeden All umher? [IX, 609]

In allen Winkeln der Erde sitzen Wartende, die es kaum wissen, in wiefern sie warten, noch weniger aber, dass sie umsonst warten. [V, 227]

Die Europäer bilden sich im Grunde ein, jetzt den höheren Menschen auf der Erde darzustellen. [XI, 234]

Man muss den schlechten Geschmack von sich abthun, mit Vielen übereinstimmen zu wollen. [V, 60]

Eine Behauptung wirkt stärker als ein Argument, wenigstens bei der Mehrzahl der Menschen; denn das Argument weckt Misstrauen. Desshalb suchen die Volksredner die Argumente ihrer Partei durch Behauptungen zu sichern. [II, 500]

Geht es nach meinem Willen: so ist es an der Zeit, der europäischen Moral den Krieg zu erklären, und ebenso allem, was auf ihr gewachsen ist. Man muß diese zeitweilige Völker- und Staaten-Ordnung Europa's zertrümmern. Die christlich-demokratische Denkweise begünstigt das Heerden-Thier, die Verkleinerung des Menschen, sie schwächt die großen Triebfedern (das Böse –), sie haßt den Zwang, die harte Zucht, die großen Verantwortlichkeiten, die großen Wagnisse. Die Mittelmäßigsten tragen den Preis davon und setzen ihre Werthmaaße durch. [XI, 557]

Der Kampf der Geschlechter

In der Art, wie jetzt die Männer im Verkehre Behauptungen aufstellen, erkennt man oft einen Nachklang der Zeiten, wo dieselben sich besser auf Waffen, als auf irgend Etwas verstanden: sie handhaben ihre Behauptungen bald wie zielende Schützen ihr Gewehr, bald glaubt man das Sausen und Klirren der Klingen zu hören; und bei einigen Männern poltert eine Behauptung herab wie ein derber Knüttel. – Frauen dagegen sprechen so, wie Wesen, welche Jahrtausende lang am Webstuhl sassen oder die Nadel führten oder mit Kindern kindisch waren. [II, 249]

Die vornehmen Frauen denken, dass eine Sache gar nicht da ist, wenn es nicht möglich ist, von ihr in der Gesellschaft zu sprechen. [II, 266]

Einige Männer haben über die Entführung ihrer Frauen geseufzt, die meisten darüber, dass Niemand sie ihnen entführen wollte. [II, 267]

Frauen können recht gut mit einem Manne Freundschaft schliessen; aber um diese aufrecht zu erhalten – dazu muss wohl eine kleine physische Antipathie mithelfen. [II, 267]

Wenn die Ehegatten nicht beisammen lebten, würden die guten Ehen häufiger sein. [II, 268]

Denn was wäre seltener, als eine Frau, welche wirklich wüsste, was Wissenschaft ist? [II, 274]

Es giebt zu wenig Männer: und daher vermännlichen sich die Weiber. [X, 107]

Weib und Genie arbeiten nicht. Das Weib war bisher der höchste Luxus der Menschheit. In allen Augenblicken, wo wir unser Bestes *thun*, arbeiten wir nicht. Arbeit ist nur ein Mittel zu diesen Augenblicken. [X, 188]

Wie viele verheirathete Männer haben den Morgen erlebt, wo es ihnen tagte, dass ihre junge Gattin langweilig ist und das Gegentheil glaubt! Gar nicht zu reden von jenen Weibern, deren Fleisch willig und deren Geist schwach ist! [III, 215]

Männer halten selten einen Beruf aus, von dem sie nicht glauben oder sich einreden, er sei im Grunde wichtiger, als alle anderen. Ebenso geht es Frauen mit ihren Liebhabern. [II, 319]

Das Weib lernt hassen, in dem Maasse, in dem es zu bezaubern – verlernt. [V, 88]

Wo nicht Liebe oder Hass mitspielt, spielt das Weib mittelmässig. [V, 93]

Die Institution der Ehe hält hartnäckig den Glauben aufrecht, dass die Liebe, obschon eine Leidenschaft, doch als solche der Dauer fähig sei, ja dass die dauerhafte lebenslängliche Liebe als Regel aufgestellt werden könne. [III, 37]

Man heisst die Ehe gut, erstens weil man sie noch nicht kennt, zweitens weil man sich an sie gewöhnt hat, drittens weil man sie geschlossen hat, – das heisst fast in allen Fällen. Und doch ist damit Nichts für die Güte der Ehe überhaupt bewiesen. [III, 241]

In vielen Fällen der weiblichen Liebe, und vielleicht gerade in den berühmtesten, ist Liebe nur ein feinerer *Parasitismus*, ein Sich-Einnisten in eine fremde Seele, mitunter selbst in ein fremdes Fleisch – ach! wie sehr immer auf »des Wirthes« Unkosten! [VI, 18]

Liebe – in ihren Mitteln der Krieg, in ihrem Grunde der Todhass der Geschlechter. [VI, 306]

Mitunter genügt schon eine stärkere Brille, um den Verliebten zu heilen. [II, 273]

Es sollte nicht erlaubt sein, im Zustande der Verliebtheit einen Entschluss über sein Leben zu fassen und einer heftigen Grille wegen den Charakter seiner Gesellschaft ein für allemal festzusetzen: man sollte die Schwüre der Liebenden öffentlich für ungültig erklären und ihnen die Ehe verweigern. [III, 142]

Viele kurze Thorheiten – das heisst bei euch Liebe. Und eure Ehe macht vielen kurzen Thorheiten eine Ende, als Eine lange Dummheit. [IV, 91]

Desinfektion der Liebe durch die Kirche: die Ehe.
[XIII, 83]

Männer benutzen Neu-Erlerntes oder -Erlebtes fürderhin als Pflugschar, vielleicht auch als Waffe: aber Weiber machen sofort daraus einen Putz für sich zurecht.

[II, 499]

Giebt man einem Weibe zu, dass es Recht habe, so kann es sich nicht versagen, erst noch die Ferse triumphirend auf den Nacken des Unterworfenen zu setzen, – es muss den Sieg auskosten; während Mann gegen Mann sich in solchem Falle gewöhnlich des Rechthabens schämt. Dafür ist der Mann an das Siegen gewöhnt, das Weib erlebt damit eine Ausnahme. [II, 499]

Geheirathet wird *nicht*, zuletzt hasse ich die Beschränkung und die Einflechtung in die ganze ›civilisirte‹ Ordnung der Dinge so sehr, dass schwerlich irgend ein Weib freisinnig genug ist, um mir zu folgen. [Briefe, 393]

Jener ist hohl und will voll werden, Dieser ist überfüllt und will sich ausleeren, – Beide treibt es, sich ein Individuum zu suchen, das ihnen dazu dient. Und diesen Vorgang, im höchsten Sinne verstanden, nennt man beidemal mit Einem Worte: Liebe, – wie? die Liebe sollte etwas Unegoistisches sein? [III, 137]

Wenn ein Weib gelehrte Neigungen hat, so ist gewöhnlich Etwas an ihrer Geschlechtlichkeit nicht in Ordnung. Schon Unfruchtbarkeit disponirt zu einer gewissen Männlichkeit des Geschmacks; der Mann ist nämlich, mit Verlaub, »das unfruchtbare Thier«. [V, 98]

Sind nicht die meisten Ehen der Art, dass man keinen Dritten als Zeugen wünscht? Und gerade dieser Dritte fehlt fast nie – das Kind – und ist mehr als ein Zeuge, nämlich der Sündenbock! [III, 143]

Der Mann hat im Hintergrunde aller seiner Empfindungen für ein Weib immer noch die *Verachtung* für das weibliche Geschlecht. [X, 23]

Es giebt Frauen, welche wo man auch gräbt, kein Inneres haben, sondern reine Masken sind: fast gespenstische Wesen, blutsaugerisch, nie befriedigend. [VIII, 298]

Es ist Weiber-Art, seine Nächsten zu einer guten Meinung über sich zu *verführen* und dann an diese Meinung wie an eine Autorität zu *glauben.* [X, 55]

Vermännlichung der Weiber ist der rechte Name für »Emancipation des Weibs«. Das heißt, sie formen sich nach dem Bilde, welches der Mann jetzt abgiebt, und begehren *seine* Rechte. Ich sehe darin eine *Entartung* im Instinkte der jetzigen Weiber: sie müßten wissen, daß sie ihre Macht zu Grunde richten, auf diesem Wege. [XI, 245]

Das Weib ist unsäglich viel böser als der Mann, auch klüger; Güte am Weibe ist schon eine Form der *Entartung.* [VI, 306]

Man will die Emancipation des Weibes und erreicht dabei nur die Entmännlichung des Mannes. [X, 106]

Wenn das Weib männliche Tugenden hat, so ist es zum Davonlaufen; und wenn es keine männlichen Tugenden hat, so läuft es selbst davon. [VI, 63]

Die Lebensweise der Frauen, welche im Wesentlichen ernährt werden und nicht arbeiten, könnte *sofort* in eine philosophische Existenz umgewandelt werden! Aber man sehe sie vor einem Schauladen voller Putz und Wäsche! [IX, 442]

Immer noch hilft gegen die Liebe in den meisten Fällen jenes alte Radicalmittel: die Gegenliebe. [III, 255]

Die ungeheure Erwartung in Betreff der Geschlechtsliebe verdirbt den Frauen das Auge für alle fernen Perspektiven. [Br VI, 243]

Es ist furchtbar, wie die Männer, an ein inferiores Geschöpf gebunden, herunterkommen, und mitunter kommt es mir so vor als ob wir bessere Aufgaben hätten als dem ganzen Ehe-capitel unsre Aufmerksamkeit zu schenken. [Br V, 48]

Die Suche nach Glück

Wenn ein Glück, wenn ein Haschen nach neuem Glück in irgend einem Sinne das ist, was den Lebenden im Leben festhält und zum Leben fortdrängt, so hat vielleicht kein Philosoph mehr Recht als der Cyniker: denn das Glück des Thieres, als des vollendeten Cynikers, ist der lebendige Beweis für das Recht des Cynismus. [I, 249]

Diese Möglichst-Vielen ... *wollen* nun einmal ihres Glückes und Unglückes eigene Schmiede sein; und wenn dieses Gefühl der Selbstbestimmung, der Stolz auf die fünf, sechs Begriffe, welche ihr Kopf birgt und zu Tage bringt, ihnen in der That das Leben so angenehm macht, dass sie die fatalen Folgen ihrer Beschränktheit gern ertragen: so ist wenig einzuwenden, vorausgesetzt, dass die Beschränktheit nicht so weit geht, zu verlangen, es solle *Alles* in diesem Sinne zu Politik werden, es solle *Jeder* nach solchem Maassstabe leben und wirken. [II, 285]

Wonach sehnen wir uns beim Anblick der Schönheit? Darnach, schön zu sein: wir wähnen, es müsse viel Glück damit verbunden sein. – Aber das ist ein Irrthum.

[II, 144]

Wenn Glück das Ziel wäre, so stünden die Thiere am höchsten. Ihr Cynismus liegt im Vergessen: das ist der kürzeste Weg zum Glücke, wenn auch zu einem, das nicht viel werth ist. [VII, 694]

Die Menschen der tiefen Traurigkeit verrathen sich, wenn sie glücklich sind: Sie haben eine Art, das Glück zu fassen, wie als ob sie es erdrücken und ersticken möchten, aus Eifersucht, – ach, sie wissen zu gut, dass es ihnen davonläuft! [V, 229]

Der Mensch – ein hoffnungsloser Fall

Jener Reisende, der viel Länder und Völker und mehrere Erdtheile gesehn hatte und gefragt wurde, welche Eigenschaft der Menschen er überall wiedergefunden habe, sagte: sie haben einen Hang zur Faulheit. Manchen wird es dünken, er hätte richtiger und gültiger gesagt: sie sind alle furchtsam. Sie verstecken sich unter Sitten und Meinungen. [I, 337]

Wenn der große Denker die Menschen verachtet, so verachtet er ihre Faulheit: denn ihrethalben erscheinen sie als Fabrikwaare, als gleichgültig, des Verkehrs und der Belehrung unwürdig. [I, 338]

Es giebt kein öderes und widrigeres Geschöpf in der Natur als den Menschen, welcher seinem Genius ausgewichen ist und nun nach rechts und nach links, nach rückwärts und überallhin schielt. Man darf einen solchen Menschen zuletzt gar nicht mehr angreifen, denn er ist ganz Aussenseite ohne Kern, ein anbrüchiges, gemaltes, aufgebauschtes Gewand, ein verbrämtes Gespenst, das nicht einmal Furcht und gewiss auch kein Mitleiden erregen kann. Und wenn man mit Recht vom Faulen sagt, er tödte die Zeit, so muss man von einer Periode, welche ihr Heil auf die öffentlichen Meinungen, das heisst auf die privaten Faulheiten setzt, ernstlich besorgen, dass eine solche Zeit wirklich einmal getödtet wird: ich meine, dass sie aus der Geschichte der wahrhaften Befreiung des Lebens gestrichen wird. Wie gross muss der Widerwille späterer Geschlechter sein, sich mit der Hinterlassenschaft jener Periode zu befassen, in welcher nicht die lebendigen Menschen, sondern öffentlich meinende Scheinmenschen regierten. [I, 338]

Die gewöhnlichsten Irrschlüsse der Menschen sind diese: eine Sache existirt, also hat sie ein Recht. Hier wird aus der Lebensfähigkeit auf die Zweckmässigkeit, aus der Zweckmässigkeit auf die Rechtmässigkeit geschlossen. Sodann: eine Meinung beglückt, also ist sie die wahre, ihre Wirkung ist gut, also ist sie selber gut und wahr. [II, 50]

Wir sind von vornherein unlogische und daher ungerechte Wesen, *und können diess erkennen*: diess ist eine der grössten und unauflösbarsten Disharmonien des Daseins. [II, 52]

Die Bestie in uns will belogen werden; Moral ist Nothlüge, damit wir von ihr nicht zerrissen werden. Ohne die Irrthümer, welche in den Annahmen der Moral liegen, wäre der Mensch Thier geblieben. [II, 64]

Wenn Einer sehr lange und hartnäckig Etwas *scheinen* will, so wird es ihm zuletzt schwer, etwas Anderes zu *sein*. [II, 72]

Die meisten Menschen sind viel zu sehr mit sich beschäftigt, um boshaft zu sein. [II, 87]

Seltsames Loos des Menschen! Er lebt 70 Jahr und meint, etwas Neues und Niedagewesenes während dieser Zeit zu sein – und doch ist er nur eine Welle, in der die Vergangenheit der Menschen sich fortbewegt, und er arbeitet immer an einem Werke von ungeheurer Zeitdauer, so sehr er sich auch als Tagesfliege fühlen mag. Denn: er hält sich für frei, und ist doch nur ein aufgezogenes Uhrwerk, ohne Kraft, dieses Werk auch nur deutlich zu sehen, geschweige denn, es zu ändern, wie und worin er wollte. [IX, 687]

Viel Inwendiges am Menschen ist der Auster gleich, nämlich ekel und schlüpfrig und schwer erfasslich. [IV, 243]

Was weiss der Mensch eigentlich von sich selbst! Ja, vermöchte er auch nur sich einmal vollständig, hingelegt wie in einen erleuchteten Glaskasten, zu percipiren? Verschweigt die Natur ihm nicht das allermeiste, selbst über seinen Körper, um ihn, abseits von den Windungen der Gedärme, dem raschen Fluss der Blutströme, den verwikkelten Fasererzitterungen, in ein stolzes, gauklerisches Bewusstsein zu bannen und einzuschließen! Sie warf den Schlüssel weg: und wehe der verhängnissvollen Neubegier, die durch eine Spalte einmal aus dem Bewusstseinszimmer heraus und hinab zu sehen vermöchte und die jetzt ahnte, dass auf dem Erbarmungslosen, dem Gierigen, dem Unersättlichen, dem Mörderischen der Mensch ruht, in der Gleichgültigkeit seines Nichtwissens, und gleichsam auf dem Rücken eines Tigers in Träumen hängend. [I, 877]

Der Mensch ist gegen sich selbst, gegen Auskundschaftung und Belagerung durch sich selber, sehr gut vertheidigt, er vermag gewöhnlich nicht mehr von sich als seine Aussenwerke wahrzunehmen. Die eigentliche Festung ist ihm unzugänglich, selbst unsichtbar, es sei denn, dass Freunde und Feinde die Verräther machen und ihn selber auf geheimem Wege hineinführen. [II, 318]

Und so ist es immer schwacher Menschen Art: sie verlieren sich auf ihren Wegen. Und zuletzt fragt noch ihre Müdigkeit: »wozu giengen wir jemals Wege! Es ist Alles gleich!« [IV, 258]

So Manchen fand ich schon, der streckte und blähte sich, und das Volk schrie: »Seht da, einen grossen Menschen!« Aber was helfen alle Blasebälge! Zuletzt fährt der Wind heraus. [IV, 320]

Wer von euch Schleier und Überwürfe und Farben und Gebärden abzöge: gerade genug würde er übrig behalten, um die Vögel zu erschrecken. [IV, 154]

Diess, ja diess ist Bitterniss meinen Gedärmen, dass ich euch weder nackt, noch bekleidet aushalte, ihr Gegenwärtigen! [IV, 154]

Die Erde, sagte er, hat eine Haut; und diese Haut hat Krankheiten. Eine dieser Krankheiten heisst zum Beispiel: »Mensch«. [IV, 168]

Ja, ein Versuch war der Mensch. [IV, 100]

Alles Gewohnte zieht ein immer fester werdendes Netz von Spinneweben um uns zusammen; und alsobald merken wir, dass die Fäden zu Stricken geworden sind und dass wir selber als Spinne in der Mitte sitzen, die sich hier gefangen hat und von ihrem eigenen Blut zehren muss.

[II, 280]

Wir *sind* im Gefängniss, frei können wir uns nur *träumen*, nicht *machen*. [II, 396]

Nicht die Nothdurft, nicht die Begierde – nein, die Liebe zur Macht ist der Dämon der Menschen. Man gebe ihnen alles, Gesundheit, Nahrung, Wohnung, Unterhaltung – sie sind und bleiben unglücklich und grillig: denn der Dämon wartet und wartet und will befriedigt sein. Man nehme ihnen Alles und befriedige diesen: so sind sie beinahe glücklich – so glücklich, als eben Menschen und Dämonen sein können. [III, 209]

Das unablässige Schaffenwollen ist gemein und zeigt Eifersucht, Neid, Ehrgeiz an. Wenn man Etwas ist, so braucht man eigentlich Nichts zu machen, – und thut doch sehr viel. Es giebt über dem »productiven« Menschen noch eine höhere Gattung. [II, 172]

Der Irrthum hat aus Thieren Menschen gemacht; sollte die Wahrheit im Stande sein, aus dem Menschen wieder ein Thier zu machen? [II, 324]

Der Eine hält eine Meinung fest, weil er sich Etwas darauf einbildet, von selbst auf sie gekommen zu sein, der Andere, weil er sie mit Mühe gelernt hat und stolz darauf ist, sie begriffen zu haben: Beide also aus Eitelkeit. [II, 325]

Offenbar steht mein Kopf nur auf meinem eigenen Halse nicht recht; denn jeder Andere weiss bekanntlich besser, was ich zu thun und zu lassen habe: nur mir selber weiss ich armer Schelm nicht zu rathen. Sind wir nicht *Alle* wie Bildsäulen, denen falsche Köpfe aufgesetzt wurden? – nicht wahr, mein geliebter Nachbar? – Doch nein, du gerade bist die Ausnahme. [II, 486]

Das Gute missfällt uns, wenn wir ihm nicht gewachsen sind. [II, 530]

Wahrlich, ein schmutziger Strom ist der Mensch. Man muss schon ein Meer sein, um einen schmutzigen Strom aufnehmen zu können, ohne unrein zu werden. [IV, 15]

Der Mensch ist ein verehrendes Thier! Aber er ist auch ein misstrauisches: und dass die Welt *nicht* das werth ist, was wir geglaubt haben, das ist ungefähr das Sicherste, dessen unser Misstrauen endlich habhaft geworden ist. [III, 580]

Was ist die Eitelkeit des eitelsten Menschen gegen die Eitelkeit, welche der Bescheidenste besitzt, in Hinsicht darauf, dass er sich in der Natur und Welt als »Mensch« fühlt! [II, 689]

Eine kleine Rache ist zumeist etwas Menschlicheres als gar keine Rache. [X, 80]

Die Menschen drängen sich zum Licht, nicht um besser zu sehen, sondern um besser zu glänzen. [II, 663]

Der Mensch, ein vielfaches, verlogenes, künstliches und undurchsichtiges Thier, den anderen Thieren weniger durch Kraft als durch List und Klugheit unheimlich, hat das gute Gewissen erfunden, um seine Seele einmal als *einfach* zu geniessen; und die ganze Moral ist eine beherzte lange Fälschung, vermöge deren überhaupt ein Genuss im Anblick der Seele möglich wird. Unter diesem Gesichtspunkte gehört vielleicht viel Mehr in den Begriff »Kunst« hinein, als man gemeinhin glaubt. [V, 235]

»Er missfällt mir«. – Warum? – »Ich bin ihm nicht gewachsen«. – Hat je ein Mensch so geantwortet? [V, 104]

Die Verkümmerung vieler Menschen hat darin ihren Grund, daß sie immer an ihre Existenz in den Köpfen der Anderen denken, das heißt sie nehmen ihre Wirkungen ernst und nicht das, was wirkt: sich selber. [IX, 63]

Menschen, die nach Größe streben, sind gewöhnlich böse Menschen: es ist ihre einzige Art, sich zu ertragen.

[X, 31]

Voll ist die Erde von Überflüssigen, verdorben ist das Leben durch die Viel-zu-Vielen. Möge man sie mit dem »ewigen Leben« aus diesem Leben weglocken! [IV, 55]

Ich fürchte, die Thiere betrachten den Menschen als ein Wesen Ihresgleichen, das in höchst gefährlicher Weise den gesunden Thierverstand verloren hat. [III, 510]

Der Mensch ist kränker, unsicherer, wechselnder, unfestgestellter als irgend ein Thier sonst, daran ist kein Zweifel, – er ist *das* kranke Thier. [V, 367]

Die Menschen schämen sich nicht, etwas Schmutziges zu denken, aber wohl, wenn sie sich vorstellen, dass man ihnen diese schmutzigen Gedanken zutraue. [II, 87]

Der Unterleib ist der Grund dafür, dass der Mensch sich nicht so leicht für einen Gott hält. [V, 97]

Die Phantasie der Angst ist jener böse äffische Kobold, der dem Menschen gerade dann noch auf den Rücken springt, wenn er schon am schwersten zu tragen hat. [II, 327]

Der Mensch sinkt, wenn er einmal sinkt, immer unter das Thier. [VIII, 137]

Menschen, welche das Talent der Darstellung haben, sehen an den Dingen nur das Darstellbare. Sie begreifen vieles nicht. [VIII, 287]

Wie viel Illusion der Mensch zum Wohlleben nöthig hat! [IX, 104]

Nur bei drei Existenzformen bleibt der Mensch Individuum: als Philosoph, Heiliger und Künstler. Man sehe nur, womit ein wissenschaftlicher Mensch sein Leben todt schlägt. Was hat die griechische Partikellehre mit dem Sinne des Lebens zu thun? [VIII, 32]

Beschäftigt wollen die Menschen noch mehr als glücklich sein. Also ist jeder, der sie beschäftigt, ein *Wohlthäter*. Die Flucht vor der Langeweile! Im Orient findet sich die Weisheit mit der Langeweile ab, das Kunststück, das den Europäern so schwer ist, daß sie die Weisheit als unmöglich verdächtigen. [IX, 122]

Wir sind allesammt hübsche lastbare Esel und Eselinnen. [IV, 49]

In dem grossen Strudel von Kräften steht der Mensch und bildet sich ein, jener Strudel sei vernünftig und habe einen vernünftigen Zweck: Irrthum! [VIII, 36]

Die Affen sind zu gutmüthig, als daß der Mensch von ihnen abstammen könnte. [XI, 74]

Der kranke Mensch ist oft an seiner Seele gesünder als der gesunde Mensch. [VIII, 298]

Jeder Mensch hat seine eigenen Recepte dafür, wie das Leben zu ertragen ist und zwar wie es leicht zu erhalten ist oder leicht zu machen ist, nachdem es sich einmal als schwer gezeigt hat. [VIII, 321]

Der Mensch, ein vielfaches, verlogenes, künstliches und undurchsichtiges Thier, allen anderen Thieren durch Klugheit und List unheimlich und furchteinflößend – gebärdet sich oberflächlich, sobald er moralisirt. [XI, 194]

Wer das Hohe eines Menschen nicht sehen *will*, blickt um so schärfer nach dem, was niedrig und Vordergrund an ihm ist – und verräth sich selbst damit. [V, 228]

Bei Allem, was ein Mensch sichtbar werden lässt, kann man fragen: was soll es verbergen? Wovon soll es den Blick ablenken? Welches Vorurtheil soll es erregen? Und dann noch: bis wie weit geht die Feinheit dieser Verstellung? Und worin vergreift er sich dabei? [III, 301]

Aber der schlimmste Feind, dem du begegnen kannst, wirst du immer dir selber sein; du selber lauerst dir auf in Höhlen und Wäldern. [IV, 82]

Die Menschen laufen Jedem nach, der ihnen einzureden weiß, sie hätten ihren Weg verloren: es schmeichelt sie so, zu hören, daß sie überhaupt einen Weg *haben*. [X, 60]

Dass ihr doch wenigstens als Thiere vollkommen wäret! Aber zum Thiere gehört die Unschuld. [IV, 69]

Es giebt Fälle, wo man einen Menschen durchstreicht, *weil* man ihn begriffen hat. [XII, 20]

Wir sind wie Schauläden, in denen wir selber unsere angeblichen Eigenschaften, welche Andere uns zusprechen, fortwährend anordnen, verdecken oder in's Licht stellen, – um *uns* zu betrügen. [III, 249]

Wir bleiben uns eben nothwendig fremd, wir verstehn uns nicht, wir *müssen* uns verwechseln, für uns heisst der Satz in alle Ewigkeit »Jeder ist sich selbst der Fernste«, – für uns sind wir keine »Erkennenden« ... [V, 247]

Was begreifen wir denn von unserem Nächsten, als seine Gränzen, ich meine, Das, womit er sich auf und an uns gleichsam einzeichnet und eindrückt? Wir begreifen Nichts von ihm, als die *Veränderungen an uns*, deren Ursache er ist, – unser Wissen von ihm gleicht einem hohlen *geformten* Raume. Wir legen ihm die Empfindungen bei, die seine Handlungen in uns hervorrufen, und geben ihm so eine falsche umgekehrte Positivität. Wir bilden ihn nach unserer Kenntniss von uns, zu einem Satelliten unseres eigenen Systems: und wenn er uns leuchtet oder sich verfinstert, und wir von Beidem die letzte Ursache sind, – so glauben wir doch das Gegentheil! Welt der Phantome, in der wir leben! Verkehrte, umgestülpte, leere, und doch *voll* und *gerade* geträumte Welt! [III, 111]

Mancher findet sein Herz nicht eher, als bis er – seinen Kopf verliert. [X, 396]

Es ist zu bezweifeln, ob ein Vielgereister irgendwo in der Welt häßlichere Gegenden gefunden hat als im menschlichen Gesichte. [X, 385]

Manche Naturen haben nur die Wahl, entweder öffentliche Übelthäter oder geheime Leidträger zu sein.

[III, 254]

Ich liebe die Menschen nicht, welche, um überhaupt Wirkung zu thun, zerplatzen müssen, gleich Bomben, und in deren Nähe man immer in Gefahr ist, plötzlich das Gehör – oder noch mehr zu verlieren. [III, 509]

Mancher wird nie süss, er fault im Sommer schon. Feigheit ist es, die ihn an seinem Aste festhält. Viel zu Viele leben und viel zu lange hängen sie an ihren Ästen. Möchte ein Sturm kommen, der all diess Faule und Wurmfressne vom Baume schüttelt! [IV, 94]

Mit einer Bosheit beginne ich jeden Tag. [IV, 219]

Mir scheint es bisweilen, dass die modernen Menschen sich grenzenlos an einander langweilen und dass sie es endlich nöthig finden, sich mit Hülfe aller Künste interessant zu machen. Da lassen sie sich selbst durch ihre Künstler als prickelnde und beizende Speise auftischen, da übergiessen sie sich mit dem Gewürze des ganzen Orients und Occidents, und gewiss! jetzt riechen sie freilich sehr interessant, nach dem ganzen Orient und Occident. [I, 389]

Der Eine geht zum Nächsten, weil er sich sucht, und der Andere, weil er sich verlieren möchte. [IV, 78]

Es empört endlich, immer und immer wieder zu sehen, wie grausam Jeder seine paar Privat-Tugenden den Anderen, die sie zufällig nicht haben, aufrechnet, wie er sie damit zwickt und plagt. [III, 306]

Ich habe allmählich fast alle meine menschlichen Beziehungen abgeschafft, aus *Ekel* darüber, daß man mich für etwas Andres nimmt als ich bin. [Br VIII, 457]

Der große Irrtum »Gott«

Es ist nicht genug Liebe und Güte in der Welt, um noch davon an eingebildete Wesen wegschenken zu dürfen. [II, 123]

Ich kenne den Atheismus durchaus nicht als Ergebniss, noch weniger als Ereigniss: er versteht sich bei mir aus Instinkt. Ich bin zu neugierig, zu *fragwürdig*, zu übermüthig, um mir eine faustgrobe Antwort gefallen zu lassen. Gott ist eine faustgrobe Antwort, eine Undelicatesse gegen uns Denker –, im Grunde sogar bloss ein faustgrobes *Verbot* an uns: ihr sollt nicht denken! [VI, 278]

Es ist eine Feinheit, dass Gott griechisch lernte, als er Schriftsteller werden wollte – und dass er es nicht besser lernte. [V, 94]

Wie? ist der Mensch nur ein Fehlgriff Gottes? Oder Gott nur ein Fehlgriff des Menschen? [VI, 60]

Die Menschen haben Gott geschaffen, es ist kein Zweifel: sollen wir deshalb nicht an ihn glauben? Er hat den Glauben so nöthig zum Leben: seien wir doch barmherzig! [IX, 635]

Gott ist widerlegt, der Teufel nicht. [XII, 36]

Wozu Religion?

Die Religionen sind reich an Ausflüchten vor der Forderung der Selbsttödtung: dadurch schmeicheln sie sich bei Denen ein, welche in das Leben verliebt sind. [II, 85]

Leute, welchen ihr tägliches Leben zu leer und eintönig vorkommt, werden leicht religiös: diess ist begreiflich und verzeihlich, nur haben sie kein Recht, Religiosität von Denen zu fordern, denen das tägliche Leben nicht leer und eintönig verfliesst. [II, 118]

Das Gebet ist für solche Menschen erfunden, welche eigentlich nie von sich aus Gedanken haben und denen eine Erhebung der Seele unbekannt ist oder unbemerkt verläuft: was sollen Diese an heiligen Stätten und in allen wichtigen Lagen des Lebens, welche Ruhe und eine Art Würde erfordern? Damit sie wenigstens nicht *stören*, hat die Weisheit aller Religionsstifter, der kleinen wie der grossen, ihnen die Formel des Gebetes anbefohlen, als eine lange mechanische Arbeit der Lippen, verbunden mit Anstrengung des Gedächtnisses und mit einer gleichen festgesetzten Haltung von Händen und Füssen und Augen! Da mögen sie nun gleich den Tibetanern ihr »om mane padme hum« unzählige Male wiederkäuen, oder, wie in Benares, den Namen des Gottes Ram-Ram-Ram (und so weiter mit oder ohne Grazie) an den Fingern abzählen: oder den Wischnu mit seinen tausend, den Allah mit seinen neunundneunzig Anrufnamen ehren: oder sie mögen sich der Gebetmühlen und der Rosenkränze bedienen, – die Hauptsache ist, dass sie mit dieser Arbeit für eine Zeit festgemacht sind und einen erträglichen Anblick gewähren ... Die Religion will von Solchen eben nicht mehr, als dass sie *Ruhe halten*. [III, 483]

Angewöhnung geistiger Grundsätze ohne Gründe nennt man Glauben. [II, 190]

Zwar hat der Glaube bisher noch keine wirklichen Berge versetzen können, obschon diess ich weiss nicht wer behauptet hat; aber er vermag Berge dorthin zu setzen, wo keine sind. [II, 480]

Wenn das Christentum mit seinen Sätzen vom rächenden Gotte, der allgemeinen Sündhaftigkeit, der Gnadenwahl und der Gefahr einer ewigen Verdammniss, Recht hätte, so wäre es ein Zeichen von Schwachsinn und Charakterlosigkeit, *nicht* Priester, Apostel oder Einsiedler zu werden und mit Furcht und Zittern einzig am eigenen Heile zu arbeiten; es wäre unsinnig, den ewigen Vortheil gegen die zeitliche Bequemlichkeit so aus dem Auge zu lassen. [II, 118]

Gesetzt, dass man mit dem spöttischen und unbetheiligten Auge eines epikurischen Gottes die wunderlich schmerzliche und ebenso grobe wie feine Komödie des europäischen Christenthums zu überschauen vermöchte, ich glaube, man fände kein Ende mehr zu staunen und zu lachen. [V, 82]

Vorausgesetzt, dass überhaupt *geglaubt* wird, so ist der Alltags-Christ eine erbärmliche Figur, ein Mensch, der wirklich nicht bis drei zählen kann, und der übrigens, gerade wegen seiner geistigen Unzurechnungsfähigkeit, es nicht verdiente, so hart bestraft zu werden, wie das Christentum ihm verheisst. [II, 119]

Der christliche Entschluss, die Welt hässlich und schlecht zu finden, hat die Welt hässlich und schlecht gemacht. [III, 485]

Alle Begriffe der Kirche sind erkannt als das was sie sind, als bösartigste Falschmünzerei, die es giebt, zum Zweck, die Natur, die Natur-Werthe zu *entwerthen*; der Priester selbst ist erkannt als das, was er ist, als die gefährlichste Art Parasit, als die eigentliche Giftspinne des Lebens. [VI, 210]

Ich gehe durch die Irrenhaus-Welt ganzer Jahrtausende, heisse sie nun »Christenthum«, »christlicher Glaube«, »christliche Kirche« mit einer düsteren Vorsicht hindurch, – ich hüte mich, die Menschheit für ihre Geisteskrankheiten verantwortlich zu machen. Aber mein Gefühl schlägt um, bricht heraus, sobald ich in die neuere Zeit, in *unsre* Zeit eintrete. Unsre Zeit ist *wissend* ... Was ehemals bloss krank war, heute ward es unanständig. [VI, 210]

Einen Glauben annehmen, blos weil er Sitte ist, – das heisst doch: unredlich sein, feige sein, faul sein! – Und so wären Unredlichkeit, Feigheit und Faulheit die Voraussetzungen der Sittlichkeit? [III, 90]

Der gläubige Mensch ist der Gegensatz des religiösen Menschen. [X, 30]

Was ein Theologe als wahr empfindet, das *muss* falsch sein: man hat daran beinahe ein Kriterium der Wahrheit. Es ist sein unterster Selbsterhaltungs-Instinkt, der verbietet, dass die Realität in irgend einem Punkte zu Ehren oder auch nur zu Worte käme. [VI, 175]

Die Schwachen und Missrathnen sollen zu Grunde gehn: erster Satz *unserer* Menschenliebe. Und man soll ihnen noch dazu helfen. Was ist schädlicher als irgend ein Laster? – Das Mitleiden der That mit allen Missrathnen und Schwachen – das Christenthum. [VI, 170]

Jesus ist das *Gegenstück eines Genies*: er ist ein Idiot ... Nicht der entfernteste Hauch von Wissenschaft, Geschmack, geistiger Zucht, Logik hat diesen heiligen Idioten angeweht. [XIII, 237]

Religionen verstehe ich als *Narkosen*: aber werden sie solchen Völkern gegeben wie den Germanen, so sind es reine *Gifte*. [VIII, 58]

Willst Du Seelenruhe und Glück erstreben, nun so glaube, willst Du ein Jünger der Wahrheit sein, so forsche. [Briefe, 22]

Wenn Christus wirklich die Absicht hatte, die Welt zu erlösen, sollte es ihm nicht misslungen sein? [II, 419]

Daß Christus die Welt erlöst habe, ist dreist. [VIII, 309]

Man widerlegt das Christenthum nicht, man widerlegt eine Krankheit des Auges nicht. Dass man den Pessimismus wie eine Philosophie bekämpft hat, war der Gipfelpunkt des gelehrten Idiotenthums. Die Begriffe »wahr« und »unwahr« haben, wie mir scheint, in der Optik keinen Sinn. [VI, 51]

Der grösste Fortschritt der Massen war bis jetzt der Religionskrieg: denn er beweist, dass die Masse angefangen hat, Begriffe mit Ehrfurcht zu behandeln. Religionskriege entstehen erst, wenn durch die feineren Streitigkeiten der Secten die allgemeine Vernunft verfeinert ist: sodass selbst der Pöbel spitzfindig wird und Kleinigkeiten wichtig nimmt, ja es für möglich hält, dass das »ewige Heil der Seele« an den kleinen Unterschieden der Begriffe hängt. [III, 491]

Jesus war ein großer Egoist. [IX, 550]

Du willst von deiner Leidenschaft Abschied nehmen? Thue es, aber *ohne Hass* gegen sie! Sonst hast du eine zweite Leidenschaft. – Die Seele der Christen, die sich von der Sünde freigemacht hat, wird gewöhnlich hinterher durch den Hass gegen die Sünde ruinirt. Sieh die Gesichter der grossen Christen an! Es sind die Gesichter von grossen Hassern. [III, 254]

Was nehmen jetzt wilde Völkerschaften zuerst von den Europäern an? Branntwein und Christenthum, die euro-

päischen Narcotica. – Und woran gehen sie am schnellsten zu Grunde? – An den europäischen Narcoticis.
[III, 492]

Wäre er doch in der Wüste geblieben und ferne von den Guten und Gerechten! Vielleicht hätte er leben gelernt und die Erde lieben gelernt – und das Lachen dazu! Glaubt es mir, meine Brüder! Er starb zu früh; er selber hätte seine Lehre widerrufen, wäre er bis zu meinem Alter gekommen! Edel genug war er zum Widerrufen! Aber ungereift war er noch. [IV, 95]

So vorgeschritten Europa auch sonst sein mag: in religiösen Dingen hat es noch nicht die freisinnige Naivität der alten Brahmanen erreicht, zum Zeichen, dass in Indien vor vier Jahrtausenden mehr gedacht wurde und mehr Lust am Denken vererbt zu werden pflegte, als jetzt unter uns. [III, 87]

Ich erlaube nur den Menschen, die wohlgerathen sind, über das Leben zu philosophiren. Aber es giebt mißrathene Menschen und Völker: denen muß man das Maul stopfen. Man muß ein Ende machen mit dem Christenthum – es ist die größte Lästerung auf Erde und Erdenleben, die es bisher gegeben hat – man muß mißrathenen Menschen und Völkern das Maul stopfen. [XI, 112]

Mit Musik infiziert

In Bach ist noch zu viel crude Christlichkeit, crudes Deutschthum, crude Scholastik; er steht an der Schwelle der europäischen (modernen) Musik, aber schaut sich von hier nach dem Mittelalter um. [II, 615]

Wagner wirkt wie ein fortgesetzter Gebrauch von Alkohol. Er stumpft ab, er verschleimt den Magen. Spezifische Wirkung: Entartung des rhythmischen Gefühls. Der Wagnerianer nennt zuletzt rhythmisch, was ich selbst, mit einem griechischen Sprüchwort, »den Sumpf bewegen« nenne. [VI, 44]

Wagner ist ein grosser Verderb für die Musik. Er hat in ihr das Mittel errathen, müde Nerven zu reizen, – er hat die Musik damit krank gemacht. [VI, 23]

Wie gut klingen schlechte Musik und schlechte Gründe, wenn man auf einen Feind los marschirt! [III, 325]

Die Jünglinge beten Wagner an ... Bayreuth reimt sich auf Kaltwasserheilanstalt. – Typisches Telegramm aus Bayreuth: *bereits bereut.* [VI, 44]

Es ist *nicht* die Musik, mit der Wagner sich die Jünglinge erobert hat, es ist die *Idee* – es ist das Rätselreiche seiner Kunst, ihr Versteckspielen unter hundert Symbolen, ihre Polychromie des Ideals, was diese Jünglinge zu Wagner führt und lockt; es ist Wagner's Genie der Wolkenbildung, sein Greifen, Schweifen und Streifen durch die Lüfte, sein Überall und Nirgendswo, genau Dasselbe, womit sie seinerzeit Hegel verführt und verlockt hat!

[VI, 36]

Schier allgegenwärtig – die Dummheit

Ohne die blinden Schüler ist noch nie der Einfluss eines Mannes und seines Werkes gross geworden. Einer Erkenntniss zum Siege verhelfen heisst oft nur: sie so mit der Dummheit verschwistern, dass das Schwergewicht der letzteren auch den Sieg für die erstere erzwingt.

[II, 121]

Die grösste historische Macht ist die Dummheit und der Teufel. [VII, 637]

Der Irrsinn ist bei Einzelnen etwas Seltenes, – aber bei Gruppen, Parteien, Völkern, Zeiten die Regel. [V, 100]

Vergnügungs-Reisende. – Sie steigen wie Thiere den Berg hinauf, dumm und schwitzend; man hatte ihnen zu sagen vergessen, dass es unterwegs schöne Aussichten gebe.

[II, 641]

Jeder, der seinen Geist zeigen will, lässt merken, dass er auch reichlich vom Gegentheil hat. [II, 594]

Euer Geschäft – das ist euer grösstes Vorurtheil, es bindet euch an euren Ort, an eure Gesellschaft, an eure Neigungen. Im Geschäft fleissig, – aber im Geiste faul, mit eurer Dürftigkeit zufrieden und die Schürze der Pflicht über diese Zufriedenheit gehängt: so lebt ihr, so wollt ihr eure Kinder! [III, 160]

Phlegmatische Naturen sind nur so zu begeistern, dass man sie fanatisirt. [III, 195]

Der Vortheil des schlechten Gedächtnisses ist, dass man die selben guten Dinge mehrere Male zum Ersten Male geniesst. [II, 335]

Einige zeigen Geist, Andere beweisen ihn, noch andere zeigen ihn, aber beweisen ihn nicht, die Vielen aber thun keines von Beiden, und glauben beides zu thun. [IX, 25]

Der Gewissensbiss ist, wie der Biss des Hundes gegen einen Stein, eine Dummheit. [II, 569]

Niemals der Reue Raum geben, sondern sich sofort sagen, diess hiesse ja der ersten Dummheit eine zweite zugesellen. [II, 695]

Wer sich tief weiss, bemüht sich um Klarheit; wer der Menge tief scheinen möchte, bemüht sich um Dunkelheit. Denn die Menge hält Alles für tief, dessen Grund sie nicht sehen kann: sie ist so furchtsam und geht so ungern in's Wasser. [III, 500]

Vergötterung des Erfolgs ist recht der menschlichen Gemeinheit angemessen. Wer aber nur einen einzigen Erfolg einmal genau studirt hat, weiss, was für Faktoren (Dummheit, Bosheit, Faulheit usw.) immer mitgewirkt haben, und nicht als die schwächsten Faktoren. [VII, 644]

Man hört nur die Fragen, auf welche man im Stande ist, eine Antwort zu finden. [III, 505]

Der Intellect ist bei den Allermeisten eine schwerfällige, finstere und knarrende Maschine, welche übel in Gang zu bringen ist. [III, 555]

Das moralische Urtheilen und Verurtheilen ist die Lieblingsrache der Geistig-Beschränkten an Denen, die es weniger sind, auch eine Art Schadenersatz dafür, dass sie von der Natur schlecht bedacht wurden, endlich eine Gelegenheit, Geist zu bekommen und fein zu *werden*: – Bosheit vergeistigt. [V, 154]

Zu Ungunsten des Krieges kann man sagen: er macht den Sieger dumm, den Besiegten boshaft. [II, 289]

Schlechte Sitten und schädliche Gewohnheiten

Es ist so kleinstädtisch, sich zu Ansichten verpflichten, welche ein paar hundert Meilen weiter schon nicht mehr verpflichten. [I, 339]

Durch Geschenke erwirbt man keine Rechte. [II, 242]

Dem Umsturz der Meinungen folgt der Umsturz der Institutionen nicht sofort nach, vielmehr wohnen die neuen Meinungen lange Zeit im verödeten und unheimlich gewordenen Hause ihrer Vorgängerinnen und conserviren es selbst, aus Wohnungsnoth. [II, 300]

Nichts theilen wir so gern an Andere mit, als das Siegel der Verschwiegenheit – sammt dem, was darunter ist. [III, 505]

Je höher du steigst, um so kleiner sieht dich das Auge des Neides. Am meisten aber wird der Fliegende gehasst. [IV, 81]

Ich mag alle diese koketten Wanzen nicht, deren Ehrgeiz unersättlich darin ist, nach dem Unendlichen zu riechen, bis zuletzt das Unendliche nach Wanzen riecht. [V, 407]

Wie wenig Anhänger zu bedeuten haben, begreift man erst, wenn man aufgehört hat, der Anhänger seiner Anhänger zu sein. [II, 524]

Die regelmäßige Arbeit in einem Amte ist so gut, weil sie eine gewisse Dumpfheit mit sich bringt: man leidet so weniger. [Briefe, 173]

Es ist ein schlechter Geschmack mit Vielen übereinstimmen zu wollen. [XI, 575]

Man verdirbt einen Jüngling am sichersten, wenn man ihn anleitet, den Gleichdenkenden höher zu achten, als den Andersdenkenden. [III, 221]

Wer sich stets viel geschont hat, der kränkelt zuletzt an seiner vielen Schonung. [IV, 194]

Man hüte sich, zu lange krank zu sein: denn bald werden die Zuschauer durch die übliche Verpflichtung, Mitleiden zu bezeigen, ungeduldig, weil es ihnen zu viel Mühe macht, diesen Zustand lange bei sich aufrecht zu erhalten – und dann gehen sie unmittelbar zur Verdächtigung eures Charakters über, mit dem Schlusse: »ihr *verdient* es, krank zu sein, und wir brauchen uns nicht mehr mit Mitleiden anzustrengen«. [II, 692]

Unsere *Erleichterungen* sind es, die wir am härtesten büssen müssen. [II, 374]

Es ist nicht der Kampf der Meinungen, welcher die Geschichte so gewaltthätig gemacht hat, sondern der Kampf des Glaubens an die Meinungen, das heisst der Ueberzeugungen. [II, 356]

Sind wir nicht daraufhin erzogen, gerade dann *pathetisch zu fühlen* und uns in's Dunkle zu flüchten, wenn der Verstand so klar und kalt wie möglich blicken sollte! Nämlich bei allen höheren und wichtigeren Angelegenheiten! [III, 95]

Die chronischen Krankheiten der Seele entstehen wie die des Leibes, sehr selten nur durch einmalige grobe Vergehungen gegen die Vernunft von Leib und Seele, sondern gewöhnlich durch zahllose unbemerkte kleine Nachlässigkeiten. [III, 278]

Warum so abseits? – »Ich fand Keinen, dem ich noch gehorchen könnte und Niemanden, dem ich befehlen möchte«. [X, 61]

Man lädt sich gerne einen Zeugen ein, wenn man von sich selber reden will: das nennt man »Umgang mit Menschen«. [X, 77]

Die schwachen Charaktere dagegen lieben die herben Urtheile, – sie gesellen sich zu den Helden der Menschenverachtung, zu den religiösen oder philosophischen Anschwärzern des Daseins oder ziehen sich hinter strenge Sitten und peinliche »Lebensberufe« zurück: so suchen sie sich einen Charakter und eine Art Stärke zu schaffen. [III, 199]

Man ist Besitzer seiner Meinungen, wie man Besitzer von Fischen ist – insofern man nämlich Besitzer eines Fischteiches ist. Man muss fischen gehen und Glück haben – dann hat man *seine* Fische, *seine* Meinungen. Ich rede hier von lebendigen Meinungen, von lebendigen Fischen. Andere sind zufrieden, wenn sie ein Fossilien-Cabinet besitzen – und, in ihrem Kopfe, »Ueberzeugungen«. [II, 693]

Wenn alle Almosen nur aus Mitleiden gegeben würden, so wären die Bettler allesammt verhungert. [II, 660]

Arbeit ... verbraucht ausserordentlich viel Nervenkraft und entzieht dieselbe dem Nachdenken, Grübeln, Träumen, Sorgen, Lieben, Hassen, sie stellt ein kleines Ziel immer in's Auge und gewährt leichte und regelmässige Befriedigungen. So wird eine Gesellschaft, in welcher fortwährend hart gearbeitet wird, mehr Sicherheit haben: und die Sicherheit betet man jetzt als die oberste Gottheit an. [III, 154]

Was wir thun, wird nie verstanden, sondern immer nur gelobt und getadelt. [III, 518]

Der Besitz besitzt. – Nur bis zu einem gewissen Grade macht der Besitz den Menschen unabhängiger, freier; eine Stufe weiter – und der Besitz wird zum Herrn, der Besitzer zum Sclaven: als welcher ihm seine Zeit, sein Nachdenken zum Opfer bringen muss und sich fürderhin zu einem Verkehr verpflichtet, an einen Ort angenagelt, einem Staate einverleibt fühlt: Alles vielleicht wider sein innerlichstes und wesentlichstes Bedürfniss. [II, 507]

Die Vaterlandsliebe ist in Europa etwas Junges und steht noch auf schwachen Beinen: sie fällt leicht um! Man darf sich durch den Lärm den sie macht nicht täuschen lassen: kleine Kinder schrein am lautesten. [XII, 172]

Die Summe von Geist, welche die Menschen auf Bekämpfung der Übel verwenden, fehlt ihnen zur Erfindung der Freude. [IX, 68]

Wir haben ein Vergnügen an der kleinen Bosheit, weil sie uns so wenig schadet z. B. am *Sarkasmus*; ja wenn wir uns völlig geschützt fühlen, so dient uns selbst die große Bosheit (etwa in dem giftigen Geifer eines Pamphletes) zum Behagen; denn sie schadet uns nicht und nähert sich dadurch der Wirkung des Komischen, – das überrascht, ein wenig erschreckt und doch nicht Schaden anstiftet. [VIII, 457]

Personen, welche eine Sache in aller Tiefe erfassen, bleiben ihr selten auf immer treu. Sie haben eben die Tiefe an's Licht gebracht: da gibt es immer viel Schlimmes zu sehen. [II, 318]

Wer seine Gedanken nicht auf Eis zu legen versteht, der soll sich nicht in die Hitze des Streites begeben. [II, 243]

Je stumpfer das Auge, desto weiter reicht das Gute! Daher die ewige Heiterkeit des Volkes und der Kinder! [III, 416]

Dem wird befohlen, der sich nicht selber gehorchen kann. [IV, 147]

Keinem Gedanken Glauben schenken, der nicht im Freien geboren ist und bei freier Bewegung, – in dem nicht auch die Muskeln ein Fest feiern. Alle Vorurtheile kommen aus den Eingeweiden. – Das Sitzfleisch – ich sagte es schon einmal – die eigentliche *Sünde* wider den heiligen Geist. [VI, 281]

Man wird selten irren, wenn man extreme Handlungen auf Eitelkeit, mittelmässige auf Gewöhnung und kleinliche auf Furcht zurückführt. [II, 83]

Jede Gemeinschaft macht, irgendwie, irgendwo, irgendwann – »gemein«. [V, 232]

Man muss ein gutes Gedächtniss haben, um gegebene Versprechen halten zu können. Man muss eine starke Kraft der Einbildung haben, um Mitleid haben zu können. So eng ist die Moral an die Güte des Intellects gebunden. [II, 77]

Das Pathos der Attitüde gehört *nicht* zur Grösse; wer Attitüden überhaupt nöthig hat, ist *falsch*. [VI, 296]

Wer mit sich unzufrieden ist, ist fortwährend bereit, sich dafür zu rächen: wir Anderen werden seine Opfer sein, und sei es auch nur darin, dass wir immer seinen hässlichen Anblick zu ertragen haben. Denn der Anblick des Hässlichen macht schlecht und düster. [III, 531]

Vor wem man glänzt, den lässt man gerne als Licht gelten. [II, 663]

Lüge ist nicht nur wider sein Wissen reden, sondern auch wider sein Nichtwissen reden. [X, 48]

Wir sind Alle nicht Das, als was wir nach den Zuständen erscheinen, für die wir allein Bewusstsein und Worte – und folglich Lob und Tadel – haben; wir *verkennen* uns nach diesen gröberen Ausbrüchen, die uns allein bekannt werden, wir machen einen Schluss aus einem Material, in welchem die Ausnahmen die Regel überwiegen, wir verlesen uns in dieser scheinbar deutlichsten Buchstabenschrift unseres Selbst. [III, 107]

Man soll die Bettler abschaffen: denn man ärgert sich, ihnen zu geben, und ärgert sich, ihnen nicht zu geben. [III, 160]

Wenn man ein Jahr lang schweigt, so verlernt man das Schwätzen und lernt das Reden. [III, 238]

Unter den Reisenden unterscheide man nach fünf Graden: die des ersten, niedrigsten Grades sind solche, welche reisen und dabei gesehen *werden* – sie werden eigentlich gereist und sind gleichsam blind; die nächsten sehen wirklich selber in die Welt; die dritten erleben Etwas infolge des Sehens; die vierten leben das Erlebte in sich hinein und tragen es mit sich fort; endlich giebt es einige Menschen der höchsten Kraft, welche alles Gesehene, nachdem es erlebt und eingelebt worden ist, endlich auch nothwendig wieder aus sich herausleben müssen, in Handlungen und Werken, sobald sie nach Hause zurückgekehrt sind. [II, 483]

Wenn die Neugierde nicht wäre, würde wenig für das Wohl des Nächsten gethan werden. Aber die Neugierde schleicht sich unter dem Namen der Pflicht oder des Mitleides in das Haus des Unglücklichen und Bedürftigen. – Vielleicht ist selbst an der vielberühmten Mutterliebe ein gut Stück Neugierde. [II, 255]

Kein Sieger glaubt an den Zufall. [III, 517]

Enge Seelen,
Krämerseelen!
Wenn das Geld in den Kasten springt,
springt die Seele immer mit hinein! [XIII, 556]

Mit der Freiheit steht es wie mit der Gesundheit: sie ist individuell. [VIII, 294]

Weshalb es heute nöthig ist, zeitweilig grob zu reden und grob zu handeln. Etwas Feines und Verschwiegenes wird nicht mehr verstanden, selbst nicht von denen, welche uns verwandt sind. Wovon man nicht *laut spricht* und schreit, *das ist nicht da.* [XII, 41]

»Ich weiss nicht aus noch ein; ich bin Alles, was nicht aus noch ein weiß« – seufzt der moderne Mensch ... An *dieser* Modernität waren wir krank – am faulen Frieden, am feigen Compromiss, an der ganzen tugendhaften Unsauberkeit des modernen Ja und Nein. Diese Toleranz und largeur des Herzens, die Alles »verzeiht«, weil sie Alles »begreift«, ist Scirocco für uns. Lieber im Eise leben als unter modernen Tugenden und anderen Südwinden! [VI, 169]

Der ganze Westen hat jene Instinkte nicht mehr, aus denen Institutionen wachsen, aus denen *Zukunft* wächst: seinem »modernen Geiste« geht vielleicht Nichts so sehr wider den Strich. Man lebt für heute, man lebt sehr geschwind, – man lebt sehr unverantwortlich: Dies gerade nennt man »Freiheit«. [VI, 141]

Ich sehe nicht ab, was man mit dem europäischen Arbeiter machen will. Er befindet sich viel zu gut, um jetzt nicht Schritt für Schritt mehr zu fordern, unbescheidener zu fordern: er hat zuletzt die Zahl für sich. Die Hoffnung ist vollkommen vorüber, daß hier eine bescheidene und selbstgenügsame Art Mensch, ein Sklaventhum im gemildertsten Sinne des Wortes, kurz ein Stand, etwas, das Unwandelbarkeit hat, sich herausbilde. Man hat den Arbeiter militärtüchtig gemacht: man hat ihm das Stimmrecht, das Coalitionsrecht gegeben: man hat Alles gethan, um die Instinkte, auf die ein Arbeiter-Chinesenthum sich gründen könnte, zu verderben: so daß der Arbeiter heute seine Existenz bereits als einen Nothstand (moralisch ausgedrückt als ein *Unrecht*) empfindet und empfinden läßt ... Aber was will man? nochmals gefragt. Wenn man ein Ziel will, muß man die Mittel wollen: wenn man Sklaven will, – *und* man braucht sie! – muß man sie nicht zu Herren erziehen. [XIII, 29]

Nachwort

»Dem flüchtigen Beschauer bot sich nichts Auffallendes; der mittelgroße Mann in seiner überaus einfachen, aber auch überaus sorgfältigen Kleidung, mit den ruhigen Zügen und dem schlicht zurückgestrichenen Haar konnte leicht übersehen werden. Die feinen, höchst ausdrucksvollen Mundlinien wurden durch einen vornübergekämmten großen Schnurrbart fast völlig verdeckt; er hatte ein leises Lachen, eine geräuschlose Art zu sprechen und einen vorsichtigen, nachdenklichen Gang, wobei er sich ein wenig in den Schultern beugte; man konnte sich schwer diese Gestalt inmitten einer Menschenmenge vorstellen, – sie trug das Gepräge des Abseitsstehens, des Alleinstehens.«

So war Friedrich Nietzsche, das heißt, so sah ihn Lou Andreas-Salomé. Und daß Nietzsche alleine stand, lag auch an dieser klugen, schönen, adligen Russin, die 1882 am Luzerner Löwendenkmal einen Heiratsantrag von Nietzsche abgelehnt hatte. Sie war 21, Nietzsche 37 – ein paar Jahre später hatte sie einen Ehemann und Nietzsche eine Geisteskrankheit. Derart unglücklich verlief vieles im Leben der berühmten Philosophen.

Friedrich Nietzsche war einsam, arm und krank. Mit 35 Jahren mußte er sich aus dem Berufsleben zurückziehen, mit 44 wurde er wahnsinnig, und mit 55 war er tot. Ein kurzes und entbehrungsreiches Leben mit anhaltenden körperlichen Leiden fristete er, der Wohnsitzlose, der in seinem kurzen Leben an mehr als einhundert verschiedenen Orten geweilt hat, meist auf der Suche nach einer Wetterlage, die seinem geschundenen Organismus wohltat.

Trotzdem oder deshalb gelang es ihm, ein Werk zu schaffen, dessen Einfluß auf die europäische Geistesgeschichte wohl nicht überschätzt werden kann. Zu keiner Zeit seines kurzen Lebens konnte er sich von seinen Erlösen als Autor ernähren, noch dem vereinsamten Pensionär schickt die Mutter Kleidung und Lebensmittel an seine kargen Wohnstätten. Doch kaum war er gestorben, begann der »Run« auf seine Schriften. Nietzsche wurde Kult. Dabei waren es vor allem die Künstler, die sich von Nietzsches Welt- und Menschenbild sowie seinem bestechenden Stil angezogen fühlten, Künstler wie Gottfried Benn:

»Eigentlich hat alles, was meine Generation diskutierte, innerlich sich auseinanderdachte, man kann sagen: erlitt, man kann auch sagen, breittrat – alles das hatte sich bereits bei Nietzsche ausgesprochen und erschöpft, definitive Formulierung gefunden, alles Weitere war Exegese. Seine gefährlich stürmisch blitzende Art, seine ruhelose Diktion, sein Sichversagen jeden Idylls und jeden allgemeinen Grundes, seine Aufstellung der Triebpsychologie, des Konstitutionellen als Motiv, der Physiologie als Dialektik – »Erkenntnis als Affekt«, die ganze Psychoanalyse, der ganze Existentialismus, alles dies ist seine Tat. Er ist, wie sich immer deutlicher zeigt, der weitreichende Gigant der nachgoetheschen Epoche ... Ich könnte hinzufügen, für meine Generation war er das Erdbeben der Epoche und seit Luther das größte deutsche Sprachgenie«.

Letzteres, Nietzsches große Schreibkunst, hat dazu geführt, daß der Philosoph Friedrich Nietzsche auch in der deutschen Literaturgeschichte seine tiefen Spuren hinterlassen hat. Seine Gedanken wurden vom George-Kreis und den Expressionisten aufgegriffen, sie wirkten auf Rilke, Hofmannsthal und die Gebrüder Mann, auf Kafka, Musil und Stefan Zweig. Hesse, d'Annunzio, Bataille, Heidegger, Jaspers, Löwith, Max Weber, Oswald Spengler, Freud, Jung, Schnitzler, Kraus, Foucault, Deleuze usw. usw. Die Liste seiner »Schüler« ist geradezu endlos.

Ja, es dürfte schwer sein, einen einflußreicheren Autor in der zweiten Hälfte des 19. Jahrhunderts zu finden als diesen Sohn eines evangelischen Pfarrers aus der sächsischen Provinz. Im winzigen Röcken bei Lützen, dem Ort, der deutsche Schlachtgeschichte geschrieben hat, wurde der kleine Fritz geboren, am 15. Oktober 1844; es war Königsgeburtstag, und so nannte Pfarrer Nietzsche seinen Sohn nach Friedrich Wilhelm IV. Die ersten und seine letzten Lebensjahre verbrachte Nietzsche in der Gegend, wo heute die Länder Sachsen, Sachsen-Anhalt und Thüringen aufeinanderstoßen. Zentraler Lebensort der Familie: das Städtchen Naumburg.

Als kleiner Junge verliert Nietzsche seinen Vater. Carl Ludwig Nietzsche stirbt mit nur 35 Jahren, Diagnose des behandelnden Arztes: Gehirnerweichung. Von nun an wächst der künftige Philosoph in einem reinen Frauenhaushalt unter Mutter, Schwester, Großmutter, zwei unverheirateten Tanten und dem Dienstmädchen auf. Womöglich hatte er diese Zeit im Sinn, als er schrieb: »Die Natur der Dinge ist so eingerichtet, daß die Frauen immer Recht behalten.«

Das andere Geschlecht war ein trauriges Kapitel im

Leben Nietzsches. Zunächst gab es zu viele Frauen, später fehlten sie völlig, und die einzige Lebensphase, in der er im bürgerlichen Sinne »etwas zu bieten« hatte, die Baseler Jahre als Professor für Philologie, waren geprägt von der verherrlichten aber unerreichbaren Cosima Wagner. Nach seinem Studium in Bonn und Leipzig hatte es Friedrich durch gute Beziehungen und philologisches Talent zu akademischen Weihen in der Eidgenossenschaft gebracht und hier Richard Wagner und Cosima von Bülow, das spätere Ehepaar Wagner, kennengelernt. Auf deren Landsitz in Tribschen bei Luzern wurde der gutmütige Junggeselle zum Stamm- und Hausgast und diente Herrin Cosima als Laufbursche, Botenjunge, kurzum: als williges Faktotum.

Mit seiner ersten großen Schrift »Die Geburt der Tragödie aus dem Geist der Musik« war Nietzsche zwar in der Gunst des von ihm verehrten Wagner immens gestiegen, gleichzeitig hatte er mit diesem Buch aber seinen Untergang als Philologe eingeleitet. Zu kühn, zu revolutionär und subjektiv sein Blick auf das antike Drama, zu wenig wissenschaftlich-analytisch, so die Kritik der Zunftgenossen.

Als Philologe tot und als Philosoph ohne Aussichten auf eine Karriere an der Universität, dazu immer öfter unter Migräne, Augenschmerzen und Magenstörungen leidend, endete die Baseler Zeit 1879 mit der frühzeitigen Pensionierung. Ein Jahr zuvor hatte mit »Menschliches, Allzumenschliches« das eine leuchtende Jahrzehnt begonnen, in dem Friedrich Nietzsche seine unvergänglichen Werke schuf, die ihm zu Weltruhm verhelfen sollten. Es folgten bis 1888 »Morgenröte«, »Die fröhliche Wissenschaft«, »Also sprach Zarathustra«, »Jenseits von Gut und Böse«, »Zur Genealogie der Moral«, »Götzendämmerung«, »Antichrist«, »Der Fall Wagner« und »Ecce homo«.

Es war die Lebensphase, in der der Philosoph menschliche Kontakte immer seltener suchte und mehr und mehr alleine mit sich war: »Wenn ich Dir einen Begriff meines Gefühls von Einsamkeit geben könnte! Unter den Lebenden so wenig als unter den Todten habe ich Jemanden, mit dem ich mich verwandt fühlte«, schrieb er 1886 an einen seiner letzten Vertrauten, Franz Overbeck. Statt unter Menschen fühlte er sich in der Natur wohl und riet, man sollte nur solchen Gedanken trauen, die im Freien geboren wurden. Fernab größerer Städte verbrachte Nietzsche sieben Sommer in der Bergwelt des Oberengadin, in Sils-Maria, der Stätte seiner größten Inspirationen. In den Wintermonaten zog es ihn noch weiter in den Süden, so nach Genua, Nizza und zuletzt Turin.

Charakteristisch für sein Werk ist das Fehlen einer stringenten Systematik. Es gibt kein klar gegliedertes Gedankengebäude wie bei einem Kant, Hegel oder auch noch Arthur Schopenhauer, der Nietzsche in seinen jungen Jahren stark beeinflußt hat. Es verwundert nicht, daß er die großen Aphoristiker, zumal aus Frankreich, wie Montaigne, La Rochefoucauld, La Bruyère und Chamfort besonders wertschätzte. Der Aphorismus, die knappe Sentenz mit Sprengkraft, wird zum Markenzeichen der Werke Friedrich Nietzsches.

In seiner »Genealogie der Moral« vermerkt er: »Man erkennt einen Philosophen daran, daß er drei glänzenden und lauten Dingen aus dem Wege geht, dem Ruhme, den Fürsten und den Frauen.« So verlief auch sein eigenes

Dasein, allerdings nicht absichtlich. Von Ruhm kann zu Lebzeiten nicht die Rede sein, aber immerhin Notiz beginnt man von ihm zu nehmen, während seiner letzten bewußten Jahre. Bereits 1888 hält der dänische Kulturkritiker Georg Brandes in Kopenhagen die erste Vorlesung über Nietzsches Philosophie.

Im Jahr darauf kommt es zum völligen Zusammenbruch Nietzsches in Turin durch eine progressive Paralyse in Folge einer Syphilis-Erkrankung. Er verbringt die letzten Lebensjahre in Naumburg bzw. Weimar, wo er von Mutter und Schwester gepflegt wird. Während der Denker nur noch vor sich hindämmerte, begann die wissenschaftliche und künstlerische Auseinandersetzung mit seinem Leben und Werk. 1894 erscheint »Friedrich Nietzsche in seinen Werken« von Lou Andreas-Salomé, die zwar nie seine Ehefrau, wohl aber seine erste Biographin wurde. 1896 vertont Richard Strauss »Also sprach Zarathustra«. Friedrich Nietzsche stirbt, als habe er versinnbildlichen wollen, daß er Zäsur und Jahrhundertgeist ist, im Jahre 1900.

Ihm war schon früh klar, daß man seine Lehre, die die traditionelle Moral hinterfragt und die Werte der westlichen »Zivilisation« torpediert, mißbrauchen und ihn mißverstehen würde. Die Faschisten beriefen sich auf ihn, seine Schwester Elisabeth Förster-Nietzsche manipulierte seine Werke und sorgte dafür, daß sein Name in Zusammenhang mit den größten Verbrechen des 20. Jahrhunderts gebracht wurde. Daß von den Zweibeinigen im allgemeinen nichts Gutes zu erwarten und ihre Lage elend sei, wußte Nietzsche schon früh. 1872 schreibt er in »Über Wahrheit und Lüge im außermoralischen Sinne«:

»In irgendeinem abgelegenen Winkel des in zahllosen Sonnensystemen flimmernd ausgegossenen Weltalls gab es einmal ein Gestirn, auf dem kluge Tiere das Erkennen erfanden. Es war die hochmütigste und verlogenste Minute der ›Weltgeschichte‹: aber doch nur eine Minute. Nach wenigen Atemzügen der Natur erstarrte das Gestirn, und die klugen Tiere mußten sterben.«

Norbert Wank

Quellenverzeichnis

Die Werke und Briefe von Friedrich Nietzsche werden nach folgenden Ausgaben zitiert:

Sämtliche Werke. Kritische Studienausgabe in 15 Bänden. Herausgegeben von Giorgio Colli und Mazzino Montinari. Übersetzt von Ragni Maria Gschwend. Deutscher Taschenbuch Verlag: München 1980, © Verlag Walter de Gruyter GmbH & Co KG, Berlin 1980.

Zitiert: I-XV, Seitenzahl

Sämtliche Briefe. Kritische Studienausgabe in 8 Bänden. Herausgegeben von Giorgio Colli und Mazzino Montinari. Deutscher Taschenbuch Verlag: München: München 2003, © Verlag Walter de Gruyter GmbH & Co KG, Berlin 2003.

Zitiert: Br. I-VIII, Seitenzahl

Briefe. Ausgewählt von Richard Oehler. Mit einem Essay von Ralph-Rainer Wuthenow. Insel Verlag: Frankfurt am Main und Leipzig 1993. © Insel Verlag Frankfurt am Main und Leipzig 2003.

Zitiert: Briefe, Seitenzahl

Friedrich Nietzsche im Insel Verlag

Also sprach Zarathustra
Ein Buch für Alle und Keinen. Thomas Mann:
Die Philosophie Nietzsches im Lichte
unserer Erfahrung
Leinen und it 145. 368 Seiten

Der Antichrist
Versuch einer Kritik des Christentums
it 947. 126 Seiten

Briefe
Ausgewählt von Richard Oehler
Mit einem Essay von Ralph-Rainer Wuthenow
it 1546. 412 Seiten

Ecce homo
Mit einem Vorwort von Raoul Richter und einem Nachwort
von Ralph-Rainer Wuthenow
it 290. 164 Seiten

Die fröhliche Wissenschaft
Mit einem Nachwort von Ralph-Rainer Wuthenow
it 635. 318 Seiten

Die Geburt der Tragödie
Schriften zur Literatur und Philosophie der Griechen
Herausgegeben und erläutert von Manfred Landfester
Leinen. 697 Seiten

Die Geburt der Tragödie aus dem Geiste der Musik
Mit einem Nachwort von Peter Sloterdijk
it 1012. 219 Seiten

NF 2/1/2.00

Gedichte
Nach den Erstdrucken 1878 bis 1908
Herausgegeben von Ralph Kray und Karl Riha
it 1622. 162 Seiten

Götzen-Dämmerung
oder Wie man mit dem Hammer philosophiert
Herausgegeben von Karl Schlechta
it 822. 123 Seiten

Jenseits von Gut und Böse
Mit der Streitschrift ›Zur Genealogie der Moral‹ und einem Nachwort von Ralph-Rainer Wuthenow
it 762. 391 Seiten

Menschliches, Allzumenschliches
Ein Buch für freie Geister. Mit einem Nachwort von Ralph-Rainer Wuthenow
it 614. 611 Seiten

Morgenröte
Gedanken über die moralischen Vorurteile
Mit einem Nachwort
von Ralph-Rainer Wuthenow
it 678. 319 Seiten

Nietzsche für Gestreßte
Vorgestellt von Ursula Michels-Wenz
it 1928. 106 Seiten

Über die Frauen
Herausgegeben und mit einem Nachwort
versehen von Klaus Goch
it 1335. 320 Seiten

NF 2/2/2.00

Über Wahrheit und Lüge
Ein Essay, Aphorismen, Notate und Briefe
Herausgegeben von Steffen Dietzsch
IB 1207. 96 Seiten

Unzeitgemäße Betrachtungen
Mit einem Nachwort von Ralph-Rainer Wuthenow
it 509. 387 Seiten

Vom Nutzen und Nachteil der Historie für das Leben
it 1236. 129 Seiten

Wie man wird, was man ist
Ermutigungen zum kritischen Denken.
Herausgegeben von Ursula Michels-Wenz
it 1096. 309 Seiten

Zur Genealogie der Moral
Eine Streitschrift
it 1308. 157 Seiten

Rüdiger Görner (Hg.)
Nietzsches Kunst
Philosophie und Leben eines Denkkünstlers
it 2610. 160 Seiten

NF 2/3/2.00

Zu Friedrich Nietzsche

Lou Andreas-Salomé
Friedrich Nietzsche in seinen Werken
Mit Anmerkungen von Thomas Pfeiffer
Herausgegeben von Ernst Pfeiffer
Erweiterte Neuausgabe
it 2592. 360 Seiten

Nietzsche und Wagner
Stationen einer epochalen Begegnung
Herausgegeben von Dieter Borchmeyer
und Jörg Salaquarda
1418 Seiten. Leinen im Schuber

Ralph-Rainer Wuthenow
Friedrich Nietzsche. Leben und Werk
it 2601. 180 Seiten

NF 2/4/2.00